VINDOBONA
VERLAG SEIT 1946

SONJA EGGER

KRISE VERLEIHT FLÜGEL

Zufallsbefund Gehirntumor

VINDOBONA
VERLAG SEIT 1946

Bibliografische Information
der Deutschen Nationalbibliothek:

Die Deutsche Nationalbibliothek
verzeichnet diese Publikation in
der Deutschen Nationalbibliografie.
Detaillierte bibliografische Daten
sind im Internet über
http://www.d-nb.de abrufbar.

www.vindobonaverlag.com

ISBN 978-3-902935-95-3
Lektorat: Lucas Drebenstedt
Umschlagfoto:
Serhii Yevdokymov | Dreamstime.com
Umschlaggestaltung, Layout & Satz:
Vindobona Verlag

Gedruckt in der Europäischen Union
auf umweltfreundlichem, chlor- und
säurefrei gebleichtem Papier.

«Krise ist ein produktiver Zustand,
man muss ihr nur den Beigeschmack
der Katastrophe nehmen!«

Max Frisch

Inhaltsverzeichnis

Das Leben mit der Krise
schulmedizinisch und energetisch betrachtet

Vorwort

Eine Krise im Leben ist immer eine Einladung, genauer hinzuschauen. Unter die Oberfläche zu gehen und zu erkennen, was deine Seele wirklich will.

Wie oft drücken wir unsere Gefühle weg, weil es gerade nicht in den Alltag passt? Dabei hätten wir genau zu diesem Zeitpunkt schon die ersten Signale bekommen und eine Chance, unsere Geschichte neu zu schreiben. In dem Moment, wo wir uns erlauben, zu lauschen und den Zeichen folgen, können wir unser Leben komplett verändern. Tun wir das nicht, wird sich die Thematik immer wieder in verschiedenen Facetten zeigen, bis wir gezwungen sind hinzusehen.

Ich kann mir niemand Besseres vorstellen als Sonja Egger, die in ihrem Buch ihre ganz persönliche Geschichte mit dir teilt. Dir intime Einblicke gewährt und gleichzeitig Mut macht, dass man gemeinsam als Familie und mit Vertrauen jede Krise meistern kann. Angst regiert nach wie vor die Welt. Aus dieser Angst im Kollektiv dürfen wir aussteigen, indem wir uns aktiv dafür entscheiden.

In dem Moment, wo du die Angst nicht mehr über dich und dein Leben bestimmen lässt, bist du frei.

Wie oft hast du dich schon dabei erwischt, alles kontrollieren und beherrschen zu wollen? Auch das ist eine Form von Angst. Es braucht Mut, den Weg des Loslassens ohne Kontrollzwang zu gehen und sich dem Fluss des Lebens hinzugeben.

In diesem Buch zeigt dir Sonja ganz wunderbar, wie die westliche Medizin mit der Energiearbeit koexistieren kann. Dass es nicht mehr länger darum geht, sich zwischen zwei Welten zu entscheiden, sondern vielmehr darum, alles miteinander zu vereinen. Heilung geschieht immer dann, wenn man die Botschaft der Krankheit verstanden und in sein Leben integriert hat. Viele Prägungen nehmen wir bereits in der pränatalen Phase, gespeichert auf unserer DNA, mit. Diese Prägungen werden von Generation zu Generation weitergegeben. Wir können über die Bewusstwerdung und systemische Arbeit diese Prägungen verändern. Sonja nimmt dich in ihrem Buch mit auf eine Reise. Auf die Reise, welche dir Mut machen soll, dir und deinen Impulsen zu vertrauen. Unabhängig davon, wie die Zeichen im Außen gerade stehen. Vertraue dir und deiner Intuition. Lerne auch du in diesem Buch, wie du jede Krise meistern kannst, und habe Spaß dabei, indem du die Geschenke für dich erkennst. Denn eines ist gewiss: Du bist hierhergekommen, um eine wundervolle Zeit auf dieser Erde zu verbringen.

Janaina von Moos

Prolog

Erinnerst du dich an den Teil in dir, der völlig unberührbar ist? Der Ort, an dem alles ist, in den du eintauchen kannst, es fühlt sich an wie Sonnenauf- oder Sonnenuntergang. Nicht unterscheidbar, einfach nur traumhaft schön. Es ist der Teil, der in jedem Einzelnen von uns verborgen liegt, er birgt Zuflucht, Hoffnung, Verbundenheit, Ruhe, einfach SEIN! Ich wage es, in den Raum zu stellen, dass das der Ort ist, von dem ich glaube, dass wir dort alle herkommen. Wie wäre es, wenn du tief in dir genau das tragen würdest, nach dem du noch viel zu oft im Außen suchst? Wie wäre es, wenn es längst da ist und du nur vergessen hast, dass es existiert? Und wie wäre es, wenn du eine Seele bist, gleich wie jeder einzelne Mensch, im Kern absolut identisch? Wie wäre es, wenn wir alles Seelen wären, die voller Lust auf die Weltreise gehen? Wenn wir einen Reiseplan hätten, welcher uns ein Leben voller Lebendigkeit und Lust verspricht? Hand aufs Herz, wenn ich dir heute hunderttausend Euro geben würde und ich würde dir sagen, dass du mit diesem Geld eine Reise machen sollst, was würdest du buchen? Wie würde deine persönliche Lieblingsreise aussehen? Mit welchem Transportmittel würdest du deine Reise starten, wie wäre deine gewählte Reiseroute, würdest du die Luxusreise wählen oder doch eher den Camper? Ginge es in die Berge, ans Meer oder in die Wüste? Ich könnte dir noch viele solcher Fragen stellen, aber um das geht es jetzt nicht wirklich. Für mich steht fest, dass wir etwas Grundlegendes gemeinsam hätten. Du würdest doch bestimmt eine Reise wählen, auf die du richtig viel Lust hast, oder? Genauso, glaube ich, ist es mit dem Leben. Unverbraucht, rein und voller Lust macht sich die Seele auf diese Weltreise, und als wenn du jetzt auf deine Reise gehen würdest, läuft auch im Leben nicht immer alles rund. Es gibt Fahrplanänderungen, die Launen des Wetters, Fehlbuchungen, Irrwege, lauter Dinge, die dir Frust anstelle von Lust bringen. Dann bist du gefordert, neue Wege zu finden, die dir wieder die Lust, die Freude an diesem Abenteuer schenken. Deine Seele hat ganz viel Lust, hier zu sein, es kommt nur darauf an, wie gut du die Reisepläne noch kennst oder ob du den Weg aus den Augen verloren hast. Ist dir bewusst, dass die Seele immer mit dir spricht, dass sie dir immer zuflüstert, was sie gerade braucht, damit du wieder voller Freude, erfüllt von Kraft deine Reise genießen kannst? Sie macht das anfangs spielerisch und liebevoll, sie schickt dir z. B. Unzufriedenheit, körperliche Beschwerden, Kopfschmerzen, mal eine Grippe, mal kleine Konflikte etc. Wenn du diese Seelenrufe jedoch einfach wegdrückst, ignorierst, nicht zu verstehen versuchst, wird sie keine andere Wahl haben, als dir richtig fette Krisen zu schicken, damit du nicht mehr wegsehen, weghören kannst. Sie macht das ganz individuell in Form von Krankheit, Scheidung, Jobverlust, Unfall etc. Ich habe in meinem Leben sehr viele Krisen erlebt und all diese Herausforderungen haben mich gelehrt, auf das Flüstern meiner Seele zu hören, damit ich die Lust am Leben nicht verliere. Wenn ich bereits ihr Flüstern höre, verstehe, braucht sie mir auch keine Krisen mehr zu senden. Ich erzähle dir von einer meiner größten, richtig fetten Krise, welche ich im August im Jahre 2011 erlebte.

Das Leben mit der Krise, schulmedizinisch betrachtet

Crashland – Bruchlandung – Diagnose

Es ist ein Bilderbuchmorgen im August. Die Sonne scheint, der Himmel ist tiefblau, ein lauer Wind weht durch die Büsche in unserem wunderschönen Garten. Von der angrenzenden Straße höre ich das Brummen der Autos. Das Amselpärchen, welches im Lorbeerbusch direkt neben der Eingangstüre nistet, beschenkt mich mit einer Melodie, welche von der Leichtigkeit des Lebens erzählt. Mein Mann Martin hat insgesamt vierzig Schwalbenhäuschen an unseren beiden Häusern angebracht, alle sind bewohnt und die Schwalben tanzen auch an diesem Morgen ihren allerschönsten Tanz. Ich beobachte sie und staune, wie sie nie müde werden bei der Futterbeschaffung für ihre Jungen. Ein Spektakel, welches sich Tag für Tag wiederholt, egal ob es regnet, die Sonne scheint oder ob es stürmt. Unter dem Nest, welches oberhalb des weißen Garagentores befestigt ist, liegen aufgebrochene Eierschalen und sie lassen mich erahnen, was für eine Freude sich darin eingenistet hat. Ich rieche den Duft von frisch geschnittenem Gras, höre das fröhliche Zirpen der Grillen und ganz leise das Rauschen des Dorfbaches, welcher sich anmutig hinter unserem Haus vorbeischlängelt. Ich nippe an meinem heißen Kaffee, welchen ich mir soeben aus der Maschine im Sitzplatz gebrüht habe. Er riecht unglaublich gut, ein unbeschreiblich komplexer Duft nach Blumen, gepaart mit tropischen Früchten. Ich bin erfüllt mit tiefer Dankbarkeit für diesen wunderschönen Wochenstart, für meine Familie, unseren idyllischen Garten, unser schönes Zuhause und fürs Leben. Meine Erinnerungen schwelgen zurück zum Samstagabend, wir feierten hier eine Gartenparty zum Dank für unsere zehn Angestellten, inklusive ihrer Familien. Mein Mann betreibt einen Obst- und Gemüsehandel und fährt dreimal in der Woche auf den Wochenmarkt in Winterthur. Mir ist bewusst, dass wir den Erfolg dieses Geschäfts dem unermüdlichen Einsatz von Martin, dem Teamgeist und der Wertschätzung für alles, was ist, zu verdanken haben. Ich liebe es, Gäste zu verwöhnen, ein Ambiente zu zaubern, welches einlädt zu verweilen und ein Gefühl des Willkommenseins vermittelt. So war ich auch die ganze letzte Woche damit beschäftigt, diesen Abend perfekt vorzubereiten.

Alles geputzt, Tische aufgestellt, zusätzliche »Aperitiftische« eingerichtet. Getränke eingekauft, Eiswürfel vorbereitet, Geschirr besorgt, Dekomaterial passend zu Geschirr und Tischtuch ausgesucht und gekauft, Lebensmittel besorgt und den Spießchengrill angemietet. Salat sowie Dessertbuffet vorbereitet, natürlich auch noch Coiffeur und Kosmetikbesuch eingeplant, damit ja alles perfekt ist. Mit unserer Tochter Jasmin, sie befindet sich in der Ausbildung zur Floristin, die passende Blumendekoration angefertigt und letztendlich alles in Vorfreude auf das Eintreffen der Gäste liebevoll arrangiert.

Um sechszehn Uhr ist geplant, dass der Grill eingefeuert wird. Das haben wir uns definitiv einfacher vorgestellt, die Kohle will einfach nicht brennen. Leichte Unruhe kommt auf, bis dann Martin zur Hilfe kommt und das Feuer mit Leichtigkeit entfacht. Nachdem alles bereit ist, gehe ich mich noch kurz umziehen, natürlich wähle ich das extra neu gekaufte blaugrüne, blumige, knielange Sommerkleid und die dazu passenden blauen Sandalen. Den dunkelblauen Lidstrich noch nachziehen, Wimpertusche auftragen und als Finale den rosa Lipgloss, welcher zum Nagellack passt, auftragen. Einen letzten Blick in den Spiegel, Haare zurechtrücken und zufrieden mit dem, was sich da zeigt, ab in den Garten. Auch hier überprüfe ich nochmals, ob alles wie gewünscht bereit ist. Und schon trudeln die ersten Gäste ein. Ein gelungener Abend, Genuss, Freude, Spaß und es wird viel gelacht, vor allem über Marktstandepisoden. Alle erzählen Geschichten, welche während der intensiven Arbeitstage nur am Rande Platz bekommen. Was ich an diesen Treffen immer so wertvoll finde, sind die Einblicke in die Welt aus den Augen des Gegenübers. Faszinierend ist die Erkenntnis, dass nicht selten die genau gleiche Geschichte ganz anders wahrgenommen wird. So wird immer wieder klar, dass jeder alles aus seiner Sicht mit seiner ganz individuellen Realität wahrnimmt. Ein durch und durch gelungenes Fest, doch jeder noch so schöne Moment geht einmal zu Ende, so auch dieser Abend.

Während ich in den Erinnerungen bade, stockt mir plötzlich kurz der Atem, mitten in den Vorbereitungen für das Fest war da doch diese Bitte um Rückruf unseres Hausarztes auf dem Anrufbeantworter. Es war gerade ein sehr unpassender Moment, als ich die Nachricht abhörte. Frisch zuhause mit vier vollen Einkaufstüten, die Waschmaschine pfiff, weil das Programm fertig war, und die Zeit war ohnehin schon knapp berechnet für mein eingeplantes Menü. Ich wusste gar nicht, wo ich anfangen sollte, und so hörte ich nebenbei den Anrufbeantworter ab. Der Arzt bat mich um Rückruf. Severin hatte vor einer Woche eine Routineuntersuchung gehabt. Er hatte mit sechs Jahren eine Meningokokken-Meningitis gehabt und da hatten sie eine Herzklappenüberdehnung gefunden. Auf Grund dieses Befundes musste er jährlich in die Herzkontrolle und bei einer dieser weiteren Untersuchungen hatten sie festgestellt, dass auch die Aorta vergrößert ist. Der Herzspezialist erklärte uns damals, dass es wichtig sei, eine Bildgebung vom Kopf zu machen, bevor Severin achtzehn Jahre alt sei. Sofern diese Gefäßschwäche auch im Kopf vorhanden sei, ergebe es Sinn, das frühzeitig zu erkennen. Das sei versicherungstechnisch sehr wichtig, weil sonst die Invalidenversicherung bei späteren Komplikationen nicht für die Kosten aufkomme. Das beunruhigte mich nicht weiter, Severin stand so voller Kraft im Leben, dass ich mir sicher war, alles sei in bester Ordnung.

Ganz ehrlich beschleicht mich an diesem Morgen jedoch ein ungutes Gefühl. Ich erkläre mir das mit meinem schlechten Gewissen, weil mir dieser Rückruf durch die Latten ging. Normalerweise passiert mir so etwas nicht. Die Uhr zeigt neun Uhr zehn und ich weiß, dass ich unseren Arzt immer erst um elf Uhr dreißig persönlich erreichen kann. So lenke ich mich ab, räume die Überreste des Festes auf. Stühle und Tische versorgen, die beiden ausgeborgten Feuersäulen von meinen zwei Freundinnen zurückbringen und natürlich das Altglas entsorgen. Die hellgrünen handgeschriebenen Dankeskarten für die mitgebrachten Geschenke markiere ich ausreichend, bevor ich sie beim Briefkasten bei der Postautohaltestelle einwerfe. Jeden Gedanken an den Anruf versuche ich wegzudrücken und trotzdem erwische ich mich immer wieder, wie ich nervös auf die schwarze Armbanduhr an meinem linken Handgelenk schaue. Der Sekundenzeiger bewegt sich, als hätte er den Muskelkater seines Lebens, mir scheint sogar, dass die Zeit stehen bleibt. Zu einem späteren Zeitpunkt hätte ich mir gewünscht, es wäre so gewesen.

Anfang August ist die ideale Zeit für einen Sommerurlaub und Severin hat sich genau diese Woche für Ferien ausgesucht. So ist er ebenfalls zuhause. Ich bin bei mir im Schlafzimmer, stehe am Fenster und schaue den vorbeifahrenden Autos zu, als Severin sich aus Spaß auf mein Bett legt. Er hat Hunger und ihm ist langweilig. Er erzählt mir einmal mehr voller Freude von seinem Beruf als Hufschmied. Er liebt Pferde, und es bereitet ihm große Freude, wenn er diesen edlen, stolzen, manchmal auch frechen Tieren Schuhe machen kann, mit denen es eine Freude ist, die Welt zu erkunden. Voller Stolz erzählt er mir, dass er in der vergangenen Woche ein Pferd beschlug, welches jedes Mal sehr bockig sei. Das Leuchten in seinen Augen ist unbezahlbar, wenn er mir erzählt, was er in seinem Beruf erlebt. Gibt es etwas Schöneres, als dass eigene Kind so glücklich zu erleben? Pünktlich um halb zwölf sage ich zu Severin, dass ich aber sofort den Arzt anrufen werde, weil ich ihn nicht verpassen möchte. Ich nehme mein Handy, welches auf der Kommode liegt, und wähle die gespeicherte Nummer unseres Hausarztes. Die Verbindung wird hergestellt, es klingelt, einmal, zweimal, dreimal. Eine warme weibliche Stimme, welche der Arztgehilfin gehört, meldet sich freundlich und fragt nach meinem Anliegen. Es ist mir peinlich, dass ich sagen muss, ich habe den erbetenen Rückruf vergessen. Ich stehe dazu, auch wenn ich merke, dass in mir eine leichte Scham aufsteigt. Sie sagt mir, dass es okay sei, Hauptsache, dass ich es jetzt getan habe. Sie verbindet mich sofort mit dem Arzt, er begrüßt mich sehr freundlich mit den Worten: »Gut, dass Sie sich melden, ich habe Ihren Anruf bereits erwartet.« Er spricht mit seiner ruhigen, gleichzeitig festen und klaren Stimme weiter und erklärt mir, dass die Untersuchungsergebnisse vorlägen. Er macht eine kurze Pause und spricht mit seiner sehr mitfühlenden Art weiter. Die Gefäßuntersuchungen seien wie erwartet, einwandfrei. Puh, Erleichterung, aber weshalb ist da plötzlich diese Schwere, es müsste doch leicht sein? Ich höre, wie der Arzt einen tiefen Atemzug nimmt und erneut zum Sprechen ansetzt. Er sagt: »Es tut mir leid, wir haben auf der Bildgebung jedoch einen Hirntumor gefunden.«

Es kam völlig unerwartet, vergleichbar mit einem Aufprall bei einem Autounfall ... Bruchlandung ... von einer Sekunde auf die andere ist alles anders. Es ist immer noch dieser Bilderbuchtag, nur kann ich es gerade nicht mehr sehen. Es hat sich nichts verändert, die Schwalben fliegen, die Amseln singen, der Bach plätschert, Severin wartet immer noch hungrig auf das Mittagessen, dennoch ist nichts mehr, wie es vorher war. Alles anders, was wichtig war, ist plötzlich unwichtig, Freude weicht der Angst und Überforderung. Nochmals tief durchatmen, wie gewohnt die Kontrolle behalten und weiterfragen.

Stunde der Wahrheit

Was genau heißt das, was müssen wir jetzt tun? Mein Bauch zieht sich zusammen, die Kehle schnürt sich zu, die Hände werden feucht und ich muss mich räuspern, bevor ein Weitersprechen möglich ist. Ich habe mich von Severin abgewendet, schaue wieder aus dem Fenster, es würde mir das Herz zerreißen, jetzt in seine fragenden, ebenfalls von Angst erfüllten Augen zu schauen. Warum, warum ... tausend Fragen, doch die Worte versinken in einem tiefen Meer von Angst. Langsam fasse ich mich und kann gerade noch sagen, dass wir baldmöglichst einen Termin beim Spezialisten brauchen. Ob der Arzt uns bitte dabei unterstützen könne. Urplötzlich sind die Bilder aus der Zeit der Meningokokken-Meningitis wieder vor meinen Augen. Mein sechsjähriges Kind auf der Intensivstation, verkabelt mit mehreren Schläuchen, Apparate, die alle Werte anzeigen, die bei jeder kleinen Veränderung Alarm auslösen. Die herbeieilenden Ärzte und Schwestern, die Hilflosigkeit, die Ohnmacht, die Überforderung und die übermächtige Angst, mein geliebtes Kind jetzt für immer zu verlieren. Das Bild von mir am Bett Severins, er liegt im Koma und ich kann nichts Anderes tun, als einfach da zu sein. Draußen fährt in regelmäßigen Abständen der Zug, mal in diese, mal in die andere Richtung. Genau so fühlte ich mich, es konnte in diese Richtung gehen, es konnte aber auch in die andere Richtung gehen. Ich konnte nichts Anderes tun, als danebenzusitzen, zu atmen, zu beten und letztendlich zu beobachten. Wenn die Alarme losgehen, bewege ich die Schläuche, wie ich es bei den Schwestern und den Ärzten beobachtet habe, und sobald sie kommen, mache ich Platz und lasse sie ihren Job machen. Ich schließe kurz meine Augen und besinne mich, erinnere mich, ich bin am Telefon mit unserem Hausarzt. Sonja, halte jetzt den Fokus. Ich bitte den Arzt erneut eindringlich um einen raschen Termin. Ich sage ihm, dass ich Angst habe, dass ich kenne, was jetzt komme, dass es für mich sehr wichtig sei, von ihm diese Unterstützung zu bekommen. Erst nach der Zusicherung bin ich bereit, das Gespräch zu beenden. Ich schließe meine Augen, atme tief durch, und ich kann gar nicht wirklich sagen, wie es mir möglich ist, mich nun endlich Severin zuzuwenden. Er liegt immer noch in meinem Bett, hat das Gespräch mitverfolgt und dennoch ist ihm die ganze Tragweite nicht bewusst. Woran es jedoch keinen Zweifel gibt, ist die Tatsache, dass es keine guten Nachrichten waren, die mir der Arzt soeben mitteilte. So liegt es an mir, meinem geliebten Sohn, meinem Kind, diese Worte, diese unglaubliche Diagnose zu überbringen. Das Kartenhaus einstürzen zu lassen, indem ich diese Karte mit der Schreckensdiagnose ziehen werde. Wie macht man das? Sag mir, wie erkläre ich meinem siebzehnjährigen Kind, dass es einen fucking Tumor in seinem Hirn hat, wenn ich es noch nicht einmal selber verstehen kann? Null Anzeichen, dass da etwas im Kopf von unserem Sohn wucherte, dass die Krankheit nicht nur anklopft, sondern die Tür voller Wucht aufgebrochen wird. In eine scheinbar perfekte Welt eindringt und gerade alles zerstört. Wie fragil alles ist, jederzeit, das wird mir genau in diesem Moment einmal mehr bewusst. Wir schauen uns an, schockiert über diese Nachricht. Nach einer gefühlten Ewigkeit höre ich, wie die Worte kaum hörbar über meine Lippen kommen. Severin, sie haben im Emery einen Hirntumor gefunden. Wir müssen zum Arzt, um alles Weitere zu besprechen. In diesem Moment stieß ich eine Türe auf, die wir nie freiwillig geöffnet hätten. Dahinter liegen Angst, Wut, Traurigkeit, Ohnmacht, Hilflosigkeit, Überforderung und vieles mehr. Jetzt nur nicht die Beherrschung verlieren. Severin bleibt ganz ruhig, woher nimmt er nur diese Ruhe? Ich wende mich nochmals kurz ab und wähle die Nummer meines Mannes und lasse diese für mich unglaublichen Worte ein zweites Mal aus meinem Mund. Ich bitte Martin, sofort nach Hause zu kommen, und lege auch schon wieder auf. Ich setze mich zu Severin, ohne Worte halten wir uns die Hände, jeder in seine Gedanken eingehüllt. Es fühlt sich an, als wenn aus Sekunden Minuten würden und aus Minuten Stunden. Nach fünf Minuten höre ich das vertraute Geräusch von Martins Auto, kurz darauf ertönt schon das aufdringliche Knattern der Eingangstür. Es ist hörbar, dass er mehrere Stufen der Treppe auf einmal nimmt, und schon steht er mit fragendem Gesicht in der Schlafzimmertür. Ich drehe den Kopf zu ihm, fühle ein weiteres Mal die Wucht dieser Nachricht, die wie eine Riesenwelle gegen einen noch größeren Felsen klatscht. Wir sehen uns an, allen drei fehlen die Worte. Die Angst steht uns ins Gesicht geschrieben und die stummen Aufschreie »Bitte, nicht noch einmal, bitte lass es nicht noch einmal so sein!« füllen den Raum, auch wenn es keiner ausspricht. Ich lasse die Hand von Severin los, stehe auf und bewege mich wie in Trance in Richtung der Tür zu Martin. Auch Severin steht auf und kommt zu uns. Wir schauen uns an, nehmen uns in die Arme und sprechen nicht. Als wenn uns jemand den Mund verboten hätte, stehen wir sprachlos und gleichzeitig erstarrt da. Gemeinsam gehen wir in den Flur und über die geschwungene Holztreppe in die Küche. Wir setzen uns an den eingedeckten Tisch, es riecht köstlich nach Gulasch, Käseknöpfli und gut eingekochtem Blaukraut. Nur interessiert das jetzt niemanden mehr. Ich muss etwas tun, damit ich nicht durchdrehe, so fülle ich unsere bereitgestellten Gläser mit Mineralwasser. Tausend Fragen und keine Antworten, nur die Diagnose mit dem Wissen, dass der Arzt helfen will, baldmöglichst einen Termin in der Spezialklinik zu vereinbaren. Patrice kommt von der Schule und Jasmin von der Arbeit. Beide ahnen nichts, haben Hunger und wie immer stürmen sie die Treppe hoch, mit der Vorfreude auf das Essen. Doch es braucht keine Worte, beide fühlen, sobald sie die Küche betreten, dass etwas gar nicht gut ist. Also kommen diese unglaublichen Worte ein drittes Mal aus meinem Mund. Auch für sie ist es wie eine Bombe. Irgendwie sind wir alle schockgefroren, einfach sprachlos. Ich kann im Moment nicht mehr sagen als das, was ich mit dem Arzt besprach. Essen ist für unsere Familie wirklich wichtig, das genießen und lieben wir alle. Doch an diesem Mittag bleiben die Deckel auf den Pfannen und die Teller sind unberührt. Wir ermutigen uns gegenseitig, möglichst ruhig zu bleiben und erstmal den

Arzttermin abzuwarten. Wir hoffen, dass wir dann Klarheit bekommen werden. Um dreizehn Uhr ist Zeit für Arbeit und Schule. Alle stehen auf, verlassen das Haus und tragen die Nachricht wie einen mit Steinen beladenen Rucksack raus in ihr Leben. Jeder auf seine Art.

Das Leben mit der Diagnose

Severin benötigt dringend frische Luft und fährt mit seinem schwarzen Motorrad zu seinem Freund. Dieser hat eine kleine Werkstatt, in der sie zusammen an den Mopeds herumschrauben. Er hat sich schon am Morgen mit ihm verabredet, und jetzt ist er sehr froh, dass er einfach weggehen kann. Er spricht mit seinem Freund über die Schreckensnachricht und an diesem Nachmittag ist es auch in der Werkstatt anders als sonst. Hier kann Severin endlich weinen und das ist sehr gut so. Martin geht wie gewohnt zur Arbeit, ebenso kann er es kaum fassen. Für ihn ist es am einfachsten, wenn er sich mit Arbeit ablenken kann. Jasmin fährt mit ihrem schwarzen Roller in den Blumenladen, dort erzählt sie von der Diagnose. Sie darf in den Keller, sie kann also ganz ungestört Material für die Adventsausstellung vorbereiten. Dort hat sie auch die Möglichkeit, zu weinen, wenn ihr danach ist. Patrice nimmt seinen Rucksack und fährt mit dem Moped in die Schule, er lässt sich nicht viel anmerken, doch ich weiß, auch er ist gerade überfordert. Ich bin so dankbar, dass er gute Freunde hat, und mit ihnen wird er darüber sprechen. Ich verschiebe alle Kundentermine für heute und schreibe meiner Freundin eine Whatsapp-Nachricht. Sie lässt alles liegen und verspricht sofort zu kommen. Wir verabreden uns in meiner Praxis. Meine Schwiegereltern wohnen im gleichen Haus wie wir, einfach in der unteren Wohnung. Wenn ich in meine Praxis gehe, welche im gegenüberliegenden Haus ist, laufe ich immer bei ihnen durch die Wohnung. Meine Schwiegermutter wünscht sich das so, weil sie ihre Familie gerne um sich hat. Heute ist dies ein schwerer Gang für mich, ich habe auch hier die Aufgabe, die Schreckensbotschaft zu überbringen. Mir ist bewusst, dass dies ein Tiefschlag für meine Schwiegereltern ist. Haben sie doch selbst eine Tochter, die als kleines Kind schwer krank war. Sie wissen, was das bedeutet. Wie es sich anfühlt, wenn das Kind über lange Zeit im Krankenhaus liegt. Sie durften sie damals nicht einmal besuchen. Die Ausrede der Ärzte war, sie wollten nicht, dass die Kleine Heimweh bekomme. Was das für meine Schwiegereltern bedeutete, fragte niemand. Sie lenkten sich mit Arbeit ab, nur so war es ihnen möglich, diese Tage irgendwie zu überstehen. Die Nachricht vom Tumor wird meine Schwiegereltern sehr an diese Zeit zurückerinnern. Trotzdem fasse ich mich nur ganz kurz und gehe möglichst rasch in die Praxis. Ich habe den Vorraum kaum betreten, schon erklingt die Glocke. Ich öffne die Tür, meine Freundin steht da und schaut mich mitfühlend und wissend an. Sie kennt mich so gut, dass sie abschätzen kann, was diese Nachricht mit mir macht. Sie breitet die Arme aus und hält mich einfach ganz fest. Die Tränen kullern mir über die Wangen, ich schluchze, endlich kann ich weinen und den Mantel der Stärke für einen kurzen Moment fallenlassen. Ihr zeige ich mich mit allem, was da ist, mit allen Ängsten, mit der ganzen Überforderung und mit der unendlichen Traurigkeit über diese Nachricht. Wir setzen uns, ich mache uns einen Cappuccino und während wir lustlos daran rumnippen, gibt es Momente der Stille, Momente der Gespräche und letztendlich kurze Augenblicke der Hoffnung.

Langsam erhole ich mich vom Schock und versuche, wieder klar zu denken. Ich recherchiere im Internet, möchte möglichst viele Informationen über Hirntumor und die dazugehörigen Heilmethoden. Gleichzeitig warten wir auf den Anruf aus der Klinik. Nach zwei Tagen melden sie sich und ich sage auch hier, wie wichtig für uns ein zeitnaher Termin sei. Sie erklären mir, dass das nicht nur für uns wichtig sei. Wir bekommen den Termin in einer Woche, für mich viel zu spät, für einen Termin in einer Spezialklinik ist es jedoch wirklich zeitnah. In der Zwischenzeit sprechen wir viel über diese Krankheit, die wie eine dunkle Wolke über uns hängt. Was sollen wir tun, was für Möglichkeiten gibt es, wo gibt es die besten Ärzte, welche Klinik ist wirklich kompetent? Viele Fragen, die wir erst nach dem Arzttermin wirklich beantworten können, dennoch stehen sie im Raum. Severin ist siebzehn Jahre alt, Martin und ich sind uns einig, wir werden ihn entscheiden lassen, ob und wo er sich operieren lässt. Wir fragen ihn, ob er bereit sei für alternative Heilmethoden. Für mich ist es immer wichtig, alles miteinander zu verknüpfen. Egal, wie er sich entscheidet, wir werden für ihn da sein. Ich würde nichts überstürzen, es ist ein Zufallsbefund, also haben wir doch Zeit. Oder nicht? Muss dieser Tumor jetzt einfach so schnell wie möglich verschwinden, ohne Rücksicht auf die Folgen, oder wäre es möglich, eine Weile mit dem Wissen zu leben und nach verschiedenen Möglichkeiten zu suchen? Ich spreche mit Severin darüber und wir wägen alle Pros und Contras ab. Der Gedanke, dass jemand den Kopf unseres Sohnes aufschneidet und Gewebe entfernt, löst diffuse Gefühle in mir aus. Trotzdem es ist sein Körper, sein Leben, er ist siebzehn und trifft die meisten Entscheidungen selber. Er wird mit den Folgen dieser Entscheidung leben müssen. Wir nur bedingt, es ist sein Körper, der eventuell massiv eingeschränkt sein wird. Wir nutzen die Wartezeit bis zum Arzttermin und informieren uns so gut, wie es möglich ist. Gleichzeitig versuchen wir, uns gegenseitig zu stärken.

Ernüchterung: Montag, der 22. August 2011

Severin und ich sitzen im Wartezimmer der Spezialklinik. Es ist eine sehr spezielle Atmosphäre in diesem Raum, die Luft wirkt abgestanden und schwer, vielleicht ist es auch nicht so, sondern es liegt einfach die Schwere der Krankheiten, die die Neurologie mit sich bringt, in der Luft. Wir haben die Plätze auf der linken Seite neben dem Eingang ausgewählt, bequeme, jedoch schwarze Lederstühle, welche den Raum noch schwerer wirken lassen. Das Zimmer ist karg eingerichtet, mir fällt immer wieder auf, dass an solchen Orten die Farben fehlen. Ein farbenfrohes Bild und ein Blumenstock würden die Atmosphäre enorm entspannen. Die Arztgehilfin ist sehr freundlich und empathisch, sie lässt uns alleine im Zimmer zurück und irgendwie ist es sehr speziell. Severin und ich sitzen da und sprechen über weltliche Dinge, ja, wir können zeitweise sogar lachen und sind bereit, das Beste aus der Situation zu machen. Natürlich ist unterschwellig die Angst da, doch die Hoffnung auf Klarheit hält uns im Moment bei relativ guter Laune. Endlich werden wir Antworten auf unsere Fragen bekommen und erfahren, was bei dieser Krankheit zu tun ist. Wie der zu erwartende Verlauf sein und was für eine Behandlung nun vorgeschlagen wird. Wie gewohnt sind wir viel zu früh da, eine von meinen Überzeugungen lautet: besser zu früh als zu spät. Das bringt mit sich, dass die Wartezeit unnötig verlängert wird. Endlich, nach fünfundzwanzig Minuten, wird die Tür geöffnet und die Arztgehilfin bittet uns freundlich, ihr zu folgen. Sie bringt uns in ein Behandlungszimmer und lässt uns Platz nehmen. Da sitzen wir nun und schauen uns im Zimmer um. Wie im Vorzimmer ist auch hier alles düster und farblos eingerichtet. In dem Raum gibt es nicht einmal ein Fenster, alles ist in Schwarz und Metall gehalten. Kurze Zeit später betritt die Ärztin das Behandlungszimmer. Ihre Begrüßung fällt sehr nüchtern aus. Sie zeigt uns die Bilder und erklärt, was das für uns bedeutet. Sie spricht von einem Tumor, der schnell ent fernt werden muss. Sie schaut Severin an und fragt nach seinem Beruf. Er will voller Freude erzählen, wie sehr ihn sein Beruf erfüllt. Die Ärztin. sagt zu ihm, es tue ihr sehr leid, aber er müsse den Beruf aufgeben, das sei nicht mehr möglich mit dieser Krankheit. Ohne weiteren Blickkontakt fährt sie fort: Severin solle jetzt noch mal Urlaub machen und an einen Ort reisen, wo er gerne nochmals hingehen möchte. Sie meint, sie gebe ihm einen Monat Zeit, dann müsse spätestens der Eingriff erfolgen. Severin sitzt da und es sieht so aus, als hätte er eine Ohrfeige bekommen. Ihm fehlen die Worte und auch ich bin massiv überfordert. Es fühlt sich so an, als würden wir im falschen Film sitzen. Das haben wir definitiv nicht so erwartet. Die Ausgangslage vor diesem Arztbesuch war von Severin ganz klar gewählt worden. Er wollte operieren und dann sein Leben möglichst weiterleben, nach dem Motto, aus den Augen, aus dem Sinn. Nach dieser Ansage frage ich freundlich nach, ob es eine Alternative gebe zur Operation. Die Ärztin verneint und sagt, der Schläfenlappen müsse entfernt werden, mit ihm das Tumorgewebe. Vorerst keine Chemotherapie und keine Bestrahlung, das sei hier nicht möglich. Das wäre gegebenenfalls die nachfolgende Behandlung. Im Anschluss an die OP sei eine Reha geplant, mindestens einen Monat.

Severin schaut mich an und ist total entgeistert. Ich stelle ihm erneut die Frage, was er jetzt wolle? Die Ärztin sagt mir, dass das so nicht gehe, und meint, ich und Martin müssten das entscheiden. Sie fragt, wo mein Mann sei, er müsse heute auch dabei sein. Da hat sie natürlich Recht, nur sind wir es gewohnt, dass ich solche Dinge regle. Es macht mich richtig wütend, dass sie uns diese Entscheidung aufdrücken will, wir entscheiden doch nicht über den Körper unseres Sohnes. Ich erkläre erneut, dass Severin die Wahl hat und dass wir als Eltern den Weg, den er für sich wählt, begleiten werden. Wir stehen ihm jederzeit beratend und unterstützend zur Seite, beantworten seine Fragen, helfen ihm bei der Entscheidungsfindung. Treffen muss er sie, letztendlich muss er in diesem Körper leben, nicht wir, deshalb ist es wichtig und richtig, dass er bestimmt, was für ihn stimmt. Ich schaue meinen Sohn an und sehe einen jungen Mann, der ganz klar entscheiden kann, was er will und was nicht. In diesem Moment entscheidet er, ich lasse mich nicht operieren.

Diese Ansage lässt mich einmal mehr staunen, staunen über die Entschlusskraft und den Mut unseres Sohnes. Ich bin erleichtert, dass er sich gegen die sofortige Operation entscheidet. Noch vor einer Woche wussten wir nichts von diesem Tumor, er hatte null Beschwerden. Ohne diesen Zufallsbefund hätten wir ja noch Zeit gehabt. Der Unterschied ist einfach, dass wir es jetzt wissen. Fuck ... es fühlt sich gerade so an, als sollte ich unser gesundes Kind »krank operieren« lassen. Ich frage mich, was das Ganze soll. Das stimmt natürlich nicht, es ist aber in meiner Wahrnehmung genauso. Von der anfänglichen Hoffnung aus dem Wartezimmer ist momentan nicht mehr viel zu spüren. Die Ärztin wird langsam ungeduldig und möchte das weitere Vorgehen besprechen. Ich hake erneut nach, was passiere, wenn wir noch nicht operierten? Sie fragt zurück, wie wir uns das vorstellten, ohne Operation, das sei absolut verantwortungslos. Einen kurzen Augenblick scheint die Zeit stehen zu bleiben und schließlich traue ich mich zu sagen, dass wir zuerst noch nach alternativen Varianten suchen werden. Ich spreche von Energiebehandlung, Psychosomatik, systemischen Geschichten, sie schaut mich fragend an und fragt nach, wer das mache. Ich erkläre ihr, dass ich so arbeite und dass ich das vorerst übernehmen werde. Sie fällt in ihren Sitz zurück und erklärt mir, dass das nicht funktioniere, schon gar nicht, wenn ich das selber mache. Auch wenn sie es sehr diskret macht, kann ich das Verdrehen ihrer Augen erkennen. Heute scheint nicht unser Tag zu sein.

Wir beenden das Gespräch und vereinbaren trotzdem einen neuen Termin. Severin und ich verlassen die Praxis und wir weinen beide, das haben wir uns definitiv anders vorgestellt. Die Beine sind bleischwer, das Laufen bereitet mir große Mühe, der Blick ist durch die Tränen verschwommen. Der Wind weht trotz sommerlicher Temperaturen durch die Bäume, dies erzeugt ein beruhigendes Rauschen und die Schmetterlinge tanzen mit dem Wind, als wollten sie sagen: »Sonja, auch dieser Sturm geht vorbei.« Wir setzen uns ins Auto und es wird klar, dieser Besuch hat uns definitiv ernüchtert. Severin schaut aus dem Seitenfenster, ich konzentriere mich künstlich auf den Verkehr. In Wahrheit hängen wir beide unseren Gedanken nach, versuchen den Fokus auf Lösung zu halten und überlegen schließlich, wie weiter. Nach etwa zehn Minuten Autofahrt finden wir endlich wieder Worte. Ich habe einen Impuls und beginne das Gespräch. Ich frage Severin, ob es für ihn eine Option wäre, wenn ich mit dem Hausarzt Rücksprache nähme. Ich habe die Idee, mit regelmäßigen MRI-Untersuchungen zu beobachten, wie sich der Tumor verhält. Ob er wächst oder ob er sich verändert, bestenfalls sogar verkleinert. Diese Idee gefällt Severin und verleiht ihm wieder Hoffnung auf ein einigermaßen normales Leben. Am Abend besprechen wir die Idee mit Martin.

Weichenstellen – Entscheidung gegen die Operation

Anders als in der Zeit mit der Meningokokken-Krankheit nehmen wir uns bewusst Zeit für unsere Beziehung und auch für Jasmin und Patrice. Bei der ersten Krankheitsgeschichte war die Angst so übermächtig, dass ich nur noch das kranke Kind sah. Unsere Beziehung und die anderen beiden Kinder kamen in jener Zeit echt zu kurz. Ich funktionierte nur noch, erledigte alles dringend Notwendige und sonst saß ich ununterbrochen am Krankenbett von Severin. Angst regiert die Welt, schien damals mein unbewusstes Motto zu sein. Dankbar für diese Erkenntnis genieße ich die Momente mit den Kindern und mit meinem Mann noch bewusster. Wenn mir etwas gerade richtig klar ist, dann, dass wir alle endlich sind. Dass die Zeit kostbar ist und ich jede Sekunde mit meinen Liebsten genießen will. Das Einzige, was wirklich sicher ist, ist, dass wir diese Welt irgendwann wieder verlassen werden. Es ist noch niemand für immer geblieben. An diesem Abend nach dem Arztbesuch sitze ich mit Martin im Garten. Wir haben eine Flasche Rotwein aus dem Keller geholt. Eine Flasche Barbera, welchen wir im Piemont bei einem Weinbauer direkt ab Hof einkauften. Dieser Wein ist tiefrot und hat ein ansprechendes Kirscharoma, welches im Tannin noch 12 Monate ausreift. Der Winzer dieses Weins lebt mit seiner wundervollen Familie ganz abgelegen. Da Wein für mich immer auch eine symbolische Bedeutung hat, wähle ich heute diese spezielle Flasche aus. Auf diesem eher bescheidenen Rebgut war die Familie so spürbar, die Frau war schwanger, sie trug neues Leben in sich. Der Zusammenhalt der Familie, die Liebe, das Leben und die Freude an dem, was sie tun, hinterließ ein sehr schönes Bild. Deshalb wähle ich heute genau diese Flasche aus. Es ist ein speziell lauer Abend, wir sitzen mit kurzen Hosen und Trägershirt in unseren Holzstühlen. Martin verliert sich gerade in einer Schwalbenmeditation. Es ist beeindruckend, zu beobachten, wie er dieses Spektakel genießt. Von Zeit zu Zeit geben wir unseren Gedanken Worte, lassen uns gegenseitig daran teilhaben. Obwohl wir uns wirklich Mühe geben, uns aufzumuntern, gelingt das nur bedingt. Es ist aber auch nicht wichtig, viel wertvoller ist der Austausch, der gerade stattfindet. Wir machen noch eine Runde durch den Garten, bestaunen die Rosen, entdecken Läuse am Holunderbusch und erfreuen uns am Plätschern unseres Steinbrunnens. Seit kurzem haben sich blaue Holzbienen in unserem Vogelbaum eingenistet. Heute Abend fliegen sie auffallend lange, die Fledermäuse machen sich auf den allabendlichen Ausflug und für uns ist es jetzt auch Zeit, ins Bett zu gehen.

Ich weiß, dass unser Hausarzt die tägliche Telefonsprechstunde ab halb zwölf hat, deshalb plane ich für dieses Zeitfenster den besprochenen Telefonanruf. Beim ersten Klingeln wird der Anruf schon entgegengenommen. Ich bitte um ein persönliches Gespräch und da die Arztgehilfin auch über den Gehirntumor informiert ist, werde ich umgehend verbunden. Verständnisvoll schenkt mir der Arzt Gehör, ich bitte ihn um eine engmaschige Bildgebung, damit wir den Tumor beobachten können. Er weiß, wie ich arbeite, und er erinnert sich an eine vorangegangene Geschichte mit dem Pfeifferschen Drüsenfieber unseres jüngsten Sohnes. Er hatte wirklich sehr schlechte Werte und ich machte lediglich eine Energiebehandlung und das Drüsenfieber verschwand wie von Geisterhand. Unser Hausarzt beobachte diese Veränderung damals erstaunt. Zu diesem Zeitpunkt sagte ich ihm nichts von meiner Behandlung. Jetzt empfinde ich das als notwendig und ziehe ich nun diesen Joker. Freundlich frage ich ihn: »Erinnern Sie sich noch an die Pfeiffergeschichte?« Ich sage ihm, er wisse ja, dass ich energetisch arbeite, und damals habe ich Patrice eine einzige Behandlung gemacht. Das Resultat könne er sehen. Natürlich erinnere er sich daran, er überlegt kurz und schon fragt er: »Wie lange brauchen Sie für einen Hirntumor?« Vollkommen erstaunt über sein Entgegenkommen und seine Frage antworte ich wahrheitsgetreu. »Ich weiß es nicht, ich habe noch nie einen Hirntumor behandelt. Genau deshalb brauche ich Ihre Unterstützung und die MRI-Bildgebung, damit wir möglichst entspannt vorgehen können.« Innerlich bete ich tausend Vaterunser und hoffe sehr auf eine

Zusage. Und siehe da, er erklärt mir, dass er nicht unbegrenzt MRI verschreiben kann, dass er jedoch alles in seiner Macht Stehende bewilligen werde. Halleluja …

Das Leben mit der Krise, energetisch betrachtet

Entscheidung für alternative Heilmethoden und Besuch vom Zweifler

Wir freuen uns sehr, der erste Schritt in Richtung alternative Heilung ist gemacht. Jetzt heißt es, Ruhe zu bewahren, keine unüberlegten Schritte zu tun. Wenn ich mit meinen Klienten arbeite, nutze ich unter anderem immer alles, was sich im Außen zeigt, als Wegweiser. Man sagt ja nicht von ungefähr »wie im Innen so im Außen». Wenn es mir schwerfällt, mich auf das im Innen einzulassen, schaue ich einfach, was sich im Außen zeigt und was das im Innen mit mir zu tun hat. So erhalte ich immer wieder Zeichen, denen ich folgen kann. Das ist ein weiterer Schritt, den wir ab sofort nutzen werden. Severin ist offen für meine Energiebehandlungen und deshalb werden wir damit arbeiten. Ebenfalls werden wir uns mit der Psychosomatik von Hirntumoren beschäftigen, denn der Körper dient ja bekanntlich als Sprachrohr für die Seele. Die systemische Betrachtung dient der Sinnfindung für das ganze System.

Natürlich starten wir direkt mit dem Nachlesen der Psychosomatik. Welche Botschaft bringt der Gehirntumor, was will er mitteilen? Parallel beginne ich mit dem Energieströmen. In dieser Behandlung halte ich Punkte und dort, wo die Energie stockt, verweile ich länger, bis sie wieder ins Fließen kommt. Diese Behandlung machen wir ab sofort zweimal in der Woche. Nach der ersten Behandlung werde ich sehr nachdenklich. Ich frage mich, wie ich ruhig sitzen und mit meinem Kind diese Behandlungen machen kann. Es ist, als drehte ich den Schalter um und wechselte von der Mutter zur Therapeutin. Ich erkläre es mir so, dass ich als Kind mehrere Extremsituationen erfuhr, in denen ich lernte, die Kontrolle zu bewahren, wach zu sein und zu beobachten, was ich jetzt tun könnte, damit es nicht aus den Fugen gerate. Das erste Mal, dass ich dankbar für diese Erfahrungen bin. Ich setze dieses Muster ganz bewusst ein, damit ich konzentriert arbeiten kann. Die Behandlungen können nur funktionieren, wenn ich bereit bin, genau hinzuschauen. In diesen Sitzungen zeigen sich immer auch Themen, die angeschaut und gelöst werden wollen. Natürlich gibt es da Schnittstellen mit mir und Martin. Im Klartext heißt das, dass wir mitarbeiten und gegebenenfalls unangenehme Erkenntnisse angesprochen und geklärt werden müssen. So machen wir uns mutig auf in ein Abenteuer, welches nicht nur viel Klarheit, sondern auch Heilung bringen soll. Es ist ein Spiel zwischen Angst und Hoffnung. Wenn ich mir bei etwas ganz sicher bin, ist es, dass meine Behandlungen funktionieren. Doch es gibt da diesen Zweifel, der immer wieder wie ein Specht in meinen Kopf hämmert: Du glaubst doch nicht wirklich, dass das funktioniert? Was, wenn der Tumor wächst und die Tragweite noch viel schlimmer wird, als es jetzt sowieso schon ist? Du bist verantwortungslos. Dann ist da aber auch diese andere Stimme, die mich ermutigt, immer wieder flüstert: Du weißt, dass es funktionieren kann. Du hast oft genug Heilung miterlebt und es geht genauso. Sei mutig, ihr schafft das. So kämpfen Engelchen und Teufelchen im Wechsel und ich versuche stets, mich neu zu erden und den Fokus zu halten.

Tranceschwimmen

Es ist Donnerstagnachmittag, ein herrlicher Sommertag, fünfundzwanzig Grad und die Sonne zeigt sich von ihrer schönsten Seite. Ich packe mein Schwimmzeug und fahre ins nahegelegene Freibad. Da verbringe ich oft meine Freizeit. Ich liebe es, unter der großen schattenspendenden Eiche zu flanieren. Hinter mir das Rauschen der vorbeifließenden Thur (das ist ein Fluss) und links das große Becken für die Schwimmer. Wenn ich hier liege, beobachte ich staunend die vorüberziehenden Wolken, manchmal kann ich richtige Bilder darin erkennen und es macht Spaß, zuzusehen, wie sie sich ständig neu formieren. Bei guten Windverhältnissen schleppen Kleinflugzeuge die Segelflugzeuge an und manchmal schließe ich die Augen und träume oder lausche den quietschenden Stimmen der Kinder. Dies ist auch einer der Orte, an denen ich meine Freundin treffe, wir schwimmen gemeinsam, lesen und genießen im gegenüberliegenden Restaurant einen herrlichen Cappuccino. In dieser Idylle vergessen wir alles um uns herum und sprechen über Gott und die Welt oder aber eben über Dinge, die uns beschäftigen. An diesem Nachmittag bin ich sehr müde, die ganze Geschichte ist kräftezehrender, als ich es mir zugestehe. Am Badeingang kennt man mich und ich brauche nicht einmal mehr mein Abonnement vorzuweisen, damit ich eingelassen werde. Ich laufe eher träge zu meinem Lieblingsplatz, in der Hoffnung, dass sich niemand anders da hingelegt hat. Wie gewohnt sind auch heute viele der anderen regelmäßigen Badegäste bereits an ihren Plätzen. Ich schenke ihnen ein Lächeln und grüße freundlich, ohne mein Schritttempo zu verlangsamen. Ich lasse meinen Blick zur alten Eiche schweifen, vorbei an den blühenden Echinacea und dem Zaun, der dazu dient, das Becken abzugrenzen. Erleichtert stelle ich fest, dass mein Platz noch frei ist. Zielgerichtet gehe ich hin, ziehe meine Flipflops aus und breite mein übergroßes buntes Strandtuch aus. Herrlich, wenn man so viel Platz hat. Manchmal frage ich mich, wie man das Baden genießen kann, wenn das Badetuch so klein ist, dass man zur Hälfte auf der Wiese liegt. Ich kann es gar nicht leiden, wenn mir die Ameisen aus dem Gras an meinen Beinen hochkriechen. Was ich hingegen faszinierend finde, sind die Libellen, die ihren Lebensraum in der Thur haben. Diese wunderschönen Tiere schenken mir gelegentlich einen Tanz direkt bei mir, als fände diese Show nur für mich statt ...

Mein Strandtuch liegt so einladend da, dass ich es mir nicht entgehen lasse, mich daraufzulegen, zuerst noch ein kleineres Tuch als Kopfkissen herzurichten und endlich die Augen zu schließen und ins Land der Träume abzutauchen. Nach ungefähr dreißig Minuten erwache ich und setze mich hin, überlege kurz, worauf ich jetzt Lust habe, und entscheide mich fürs Schwimmen. Kurz auf die Toilette gehen, Schwimmbrille vorbereiten und schon bewege ich mich in Richtung Schwimmbecken. Die Wassertemperatur beträgt angenehme dreiundzwanzig Grad. Das ist ein weiterer Vorteil unseres Freibads, sie haben eine Solarwasseraufbereitung, so ist die Temperatur im Schnitt meistens um die zwei Grad wärmer als in den umliegenden Bädern. Jetzt kurz duschen und danach ab ins kühle Nass. So ist zumindest der Plan, in echt dauert es schon ein bisschen länger, da ich heute recht kälteempfindlich bin. So nehme ich mir Zeit und bewege mich ganz in meinem Tempo in das erfrischende Wasser. Zuerst die Füße, langsam, Stufe um Stufe taste ich mich vor. Am heikelsten ist es für mich immer, wenn mir das Wasser auf der Höhe der Taille steht. Dort friere ich am meisten. Ich habe mir sagen lassen, dass es auf Nierenhöhe am meisten Kälterezeptoren gebe, das erkläre meine Empfindlichkeit. Puh, geschafft, Schwimmbrille ein letztes Mal richten und jetzt ist meditatives Schwimmen angesagt. Heute empfinde ich es als besonders kraftvoll. Das Bad ist fast leer, so muss ich auf niemanden Rücksicht nehmen. Ich kann das Lichtspiel unter Wasser genießen, ohne aufzupassen, dass ich einen anderen Schwimmer übersehe. Je mehr ich mich darauf einlasse, komme ich in einen tranceähnlichen Zustand. Anfänglich fühle ich mich einfach nur sehr leicht und frei, schwimme wie von selbst und es fühlt sich an, als sei ich weit und breit alleine. Plötzlich zeigt sich mir ein Bild, indem Severin und ich uns begegnen, total real, und doch bin ich sicher, dass er nicht da ist. Er lächelt und er sagt: »Mami, ich habe dir schon vor sehr, sehr langer Zeit versprochen, dass ich dir immer wieder Herausforderungen bringen werde, bis du verstehst, bis du dich erinnerst, was wirklich wahr ist.« Er gibt mir fünf, strahlt übers ganze Gesicht und schon ist dieses Bild wieder wie von Zauberhand verschwunden.

Wow, was sollte das gerade? Benommen beende ich das Bad, leicht verwirrt und dennoch fragend lege ich mich erneut auf mein buntes Strandtuch. Ich schließe die Augen und überlege, was die wirkliche Botschaft aus diesem Tranceschwimmen war. Ja, es stimmt, Severin starb bei der Geburt fast, die Meningokokken-Meningitis, Herzklappenüberdehnung, Aorta-Vergrößerung, mehrere Unfälle und jetzt wieder dieser Tumor. Wenn ich noch genauer hinschaue, erinnere ich mich, dass auch Patrice eine Bienenallergie hat, die so stark ausgeprägt ist, dass ein Bienenstich tödlich sein kann. Jasmin hatte einen schweren Traktorenunfall und auch da ist es ein Wunder, dass sie das überlebt hat. All diese Geschichten haben etwas gemeinsam, sie stellen mich vor die Herausforderung, ein Kind an den Tod zu verlieren. Doch was hat das in der Tiefe mit mir zu tun? Natürlich, diese Angst kenne ich, ich stelle mir jedoch die Frage: Ist das nicht normal als Mutter?

Es ist schon normal, aber eben nur bedingt. Was ich sicher verstanden habe, ist, dass es bei einigen Müttern (und sicherlich auch bei mir) sehr ausgeprägt, einengend und belastend sein kann, bei anderen einfach als gesunder Anteil integriert ist. Doch wie komme ich da hin?

Panikattacke – von der Angst manipuliert und kontrolliert

Was ich sicher schon gelernt habe, ist, dass ich den Tod nicht verhindern kann. Dass es nicht in meiner Macht steht, zu bestimmen, ob jemand noch leben darf. Es gab eine Zeit, in der ich das krampfhaft mit allen Mitteln versuchte zu kontrollieren, zugegebenermaßen sogar zu verhindern. Dieses Muster verstärkte sich noch, nachdem Severin bei der Meningokokken-Meningitis fast gestorben wäre. Im Nachhinein war ich noch übervorsichtiger. Ich hatte mich zu einer noch größeren »Glucke« entwickelt und die Kinder überbehütet. Wenn ich gekonnt hätte, hätte ich sie in Watte eingepackt, damit ihnen ja nichts geschieht. Ich zog das knapp ein ganzes Jahr durch, bis ich eines Nachts eine Panikattacke bekam. Der Notarzt musste kommen, weil ich nur noch zitterte und wirklich meinte, dass ich jetzt ersticke. Er gab mir zur Beruhigung eine Valiumspritze. Diese half vorübergehend. Am darauffolgenden Tag ging ich sofort zum Arzt, weil ich das so nicht gebrauchen konnte, wenn ich nicht funktioniert hätte, hätte ich ja auch nicht mehr auf unsere Kinder aufpassen können. Der Arzt sagte mir, dass ich eine Panikattacke gehabt hätte, und verordnete mir Antidepressivum. Dieses nahm ich genau drei Wochen, dann merkte ich, dass ich mich so nicht mehr spüren konnte. Also ließ ich das wieder weg und suchte nach neuen Wegen. Es dauerte damals eine ganze Weile, bis ich verstand, dass mich die Angst manipulierte und kontrollierte. Im Nachhinein würde ich sagen, dass sich die Angst wie eine Tüte über mich ausgebreitet hatte und mir jegliche Luft zum Atmen nahm.

Die Erkenntnis, wie sehr mein Leben von Angst geprägt war, erschrak mich sehr und rüttelte mich auf. Doch daraus stieg ich aus, indem ich die Angst nicht mehr wegdrückte, stattdessen begann ich, ihr tief in die Augen zu blicken. Diese Angst vor der Angst zu besiegen, war der erste und auch der wichtigste Schritt, denn ich stellte fest, dass dahinter viele verschiedene Ängste verborgen waren. Eine meiner größten Ängste war definitiv die Angst, ein Kind zu verlieren, letztendlich die Verlustangst und die Angst vor dem Tod. Diese beiden Ängste waren sehr tief verwurzelt. Die große Frage ist, wie stelle ich mich diesen Ängsten? Ich begann mich ganz intensiv mit dem Tod auseinanderzusetzen. Den Tod als Teil des Lebens zu integrieren, anstatt ihn wegzudrücken, ihn anzuschauen, zu beobachten, was die Begegnung mit dem Tod mit mir macht. Meiner eigenen Endlichkeit Raum zu geben sowie dem Verlust eines von mir geliebten Menschen. Ich habe gelernt, den Tod als Teil des Lebens anzunehmen. In diesem Prozess setzte ich mich mit der Endlichkeit auseinander, recherchierte viel über Nahtoderfahrungen, weil ich einfach verstehen wollte, was geschieht, wenn ein über alles geliebter Mensch die letzte Reise antritt. Was mich besonders faszinierte und gleichzeitig überraschte, ist, dass es viele Videos und Geschichten gibt, die einen identischen Ablauf erzählen. Immer verlässt die Seele den Körper und sie können von außen beobachten, was mit ihnen geschieht. Es soll plötzlich alles gut sein, absoluter Frieden mit allem und es sei da dieses wunderbare Licht. Eine Geschichte finde ich besonders trostspendend. Ein Pfarrer starb und im Himmel begegnete er einem Mädchen, welches er zu seinen Lebzeiten selbst beerdigt hatte. Sie sahen sich gemeinsam an, was ihre Eltern machten, was diese sagten, und das Mädchen wünschte sich so sehr, dass ihre Eltern wüssten, dass es ihr gut gehe. Zu diesem Zeitpunkt lag der Leichnam des Pfarrers immer noch im Leichenhaus aufgebahrt und er erwachte tatsächlich wieder. Später erzählte er den Eltern von dem Mädchen und von dieser Begegnung, er konnte ihnen sogar sagen, welche Kleider sie getragen hatten, wer wo gesessen hatte und viele weitere Details. Sie konnten alles so bestätigen, wie es der Pfarrer erzählte, obwohl auch sie sicher waren, dass er zu diesem Zeitpunkt unumstritten im Leichenhaus aufgebahrt war. Das gibt mir Mut. Ob es wahr ist oder nicht, ist für mich nicht wichtig. Die Möglichkeit, dass es wirklich so sein könnte, dass es wirklich schön ist, wenn man tot ist, hilft mir in diesem Moment gerade sehr weiter. Denn diese Vorstellung würde bedeuten, dass es meinem Kind gut ginge, wenn es sterben müsste, und das ist das Allerwichtigste für mich. Natürlich hat das mit Kontrolle zu tun, doch dieses Muster dient mir bestimmt besser als der Kampf, etwas verhindern zu wollen, was nicht zu verhindern ist. Das ist ein nie endender Kampf gegen mich selbst.

Verantwortung abgeben, leichter gesagt als getan

Also stelle ich mir auch jetzt die Frage, bin ich gerade rückfällig geworden, versuche ich wieder etwas zu kontrollieren? Severin darf selber entscheiden. Ich kann mit der Krankheit einigermaßen leben, ich lebe die Beziehung mit Martin und den beiden anderen Kindern und sehe nicht nur Severin, was genau verstehe ich noch nicht? Da fällt es mir wie Schuppen von den Augen, ich übernehme die volle Verantwortung für die alternative Heilung. Der Arzt unterstützt uns mit der Bildgebung und mit fachkundiger Beratung in schulmedizinischen Fragen. Auch Severin übernimmt die Verantwortung für seine Prozesse, die den Selbstheilungsprozess aktivieren, wo könnte ich noch Verantwortung abgeben? Ich kenne niemanden, der so arbeitet wie ich, aber ich kenne einen alten Mann, der Heiler ist. Genau ihn werden wir um Unterstützung bitten. Wieder zu Hause frage ich Severin, ob er einverstanden ist, auch das auszuprobieren, damit er mich in der Behandlung unterstützen kann? Er fragt, was er genau macht, und ich erkläre ihm, dass seine Heilbehandlungen über Handauflegen stattfinden. Sofort erklärt er sich einverstanden. Er hält gerade jeden Strohhalm fest, der die Möglichkeit bietet, den Eingriff zu verhindern. Also vereinbare ich den ersten Termin. Tatsächlich stelle ich ebenfalls bei mir eine Erleichterung fest. Verantwortung abgeben ist für mich nach wie vor eine der größten Herausforderungen, denn es bedeutet gleichzeitig auch, die Kontrolle loszulassen. Darin bin ich wirklich nicht sehr gut geübt. Gleichzeitig ist mir bewusst, dass die tiefste Form von Heilung nur stattfinden kann, wenn ich dem Gegenüber auch zutraue, dass er bzw. sie alles selbst schaffen kann.

Weitere Bad News

Am darauffolgenden Tag ruft mich meine Schwester an, mit ihr habe ich sehr engen Kontakt. Wir haben beide drei Kinder fast im selben Alter und unternehmen oft gemeinsame Ausflüge. Heute ist sie traurig und fest entschlossen, dass sie sich scheiden lassen will. Ich habe mir das lange gewünscht, weil ich einfach gesehen habe, dass sie unglücklich ist. Mir liegt ihr Wohl und das ihrer Kinder sehr am Herzen. Dennoch bedeutet das für mich eine weitere Herausforderung. Erstens bin ich immer zur Stelle, wenn jemand Hilfe benötigt, das habe ich schon all die Jahre so gelebt und da steigt man nicht mir nichts dir nichts aus. Zweitens ist sie eine Toparbeitskraft in unserem Angestelltenteam. Sie ist absolut arbeitswillig, zuverlässig, flexibel, bei der Kundschaft top anerkannt, kurz gesagt, auf sie möchten wir wirklich nur sehr ungern verzichten. Wie lösen wir das am besten? Schon bin ich dabei, zu organisieren, Lösungen zu suchen, Wohnungsangebote bei uns in der Nähe abzuchecken, zu überlegen, wie ich ihr Arbeitspensum erhöhen könnte, damit sie finanziell abgesichert wäre. Doch ich kann es drehen und wenden wie ich will, es zeigt sich einfach keine zufriedenstellende Lösung für beide Seiten. Ich würde ihr gerne helfen, aber leider ist unser Angebot zu schmal und es reicht hinten und vorne nicht für ein Leben als geschiedene Frau mit drei Kindern. So müssen wir schweren Herzens hoffen, dass sie etwas Passendes findet und wir eine gute neue Fachkraft bekommen.

Die Tage vergehen im Wechsel in der Sorge um unsere Familie, meine Schwester und die Einstellung von gutem neuem Personal. Wenn wir keine geeignete Fachkraft finden, müsste ich mehr einspringen und dafür fehlt im Moment echt die Energie. In den Sommermonaten arbeite ich auch einmal in der Woche am Früchte- und Gemüsestand mit. Mir gefällt diese Arbeit, sie bietet mir Abwechslung, Kundenkontakt und Teamgeist – dennoch ist es nicht mein Herzensprojekt. In der jetzigen Situation ist es für mich manchmal ziemlich schwierig. Wir trennen Privates und Berufliches, so gut es geht, unsere Kundschaft weiß nichts von den Problemen, die wir haben. Ich kann nie genau abwägen, ob ich einen guten oder einen schlechten Tag habe. Es gibt Tage, da macht es mir richtig Freude mitzuarbeiten, doch es kommt momentan auch gar nicht selten vor, dass ich am liebsten schreien würde: »Ihr habt alle keine Ahnung!« Stattdessen lege ich ein künstliches Lächeln auf und mache gute Miene zum bösen Spiel.

Durch meine Arbeit bin ich immer stärker daran interessiert, was energetisch alles möglich ist, deshalb entscheide ich mich am kommenden Samstag, die Esoterikmesse in Zürich zu besuchen. Oft bekomme ich zu hören: »Pass auf, das sind alles Quacksalber und solche Messen sind gefährlich.« Dennoch vertraue ich auf mein Bauchgefühl und entscheide mich erst recht dafür. Ich weiß inzwischen, dass ich sehr wohl das richtige Gefühl entwickelt habe, wo es für mich gut schwingt und worauf ich mich nicht einlassen möchte. Also setze ich mich in meinen Wagen und fahre früh los, damit ich einen der wenigen Parkplätze beim Messegelände bekomme. Ich fahre staufrei, was auf dieser Strecke an Samstagen eher selten ist. Als ich gerade die Autobahn verlasse und in die Stadt einfahre, klingelt mein Smartphone. Ich sehe, es ist mein großer Bruder. Was will er am Samstagmorgen, weshalb ruft er mich an? Das ist eher ungewöhnlich und deshalb nehme ich den Anruf entgegen, stelle auf Lautsprecher, damit ich trotzdem ungestört fahren kann. Nachdem ich ihm gesagt habe, dass ich Auto fahre, antwortet er: »Hey, Sonja, ich fasse mich kurz, wenn du gerade fährst. Ich möchte, dass du es von mir persönlich erfährst. Wir trennen uns, ich habe eine andere Frau kennengelernt. Wir können später darüber sprechen. Fahr du jetzt weiter, wir hören uns.« Es folgt eine Verabschiedung und ein weiteres Mal bin ich geschockt. Irritation, gepaart mit Mitgefühl für alle Beteiligten, bekommt nebst der Herausforderung des Verkehrs der Stadt Zürich gerade meine volle Aufmerksamkeit. Natürlich wird hier gleich mein Helfersyndrom aktiv und ich beschließe, dass ich mich am selben Abend bei meinem Bruder melden werde. So gehe ich eher passiv durch die Messe, bis ich mich von einem Stand magisch angezogen fühle. Hier lasse ich mir eine dreißigminütige Sitzung geben. Es fasziniert mich, was sich in dieser Sitzung alles zeigt – und das Beste kommt ja bekanntlich immer zum Schluss. Gerade als ich mich verabschieden will, erkennen wir uns gegenseitig. Das Medium ist eine Schulkollegin aus der Primarschule und wir haben uns beide erst jetzt nach der Sitzung wiedererkannt. Was auch gut so ist, ich hätte mich nie und nimmer darauf eingelassen, wenn ich gewusst hätte, dass sie mich so gut kennt. So fahre ich beschwingt von der Wiedersehensfreude nach Hause, mit dem Wissen, dass wir uns definitiv wieder treffen werden.

Folge den Zeichen

Der nächste Termin bei in der Spezialklinik steht ins Haus. Severin ist am Morgen wie gewohnt zur Arbeit gefahren und wir haben besprochen, dass er eine Stunde vor dem Termin nach Hause kommt. Es ist nicht ungewöhnlich, dass er die Zeit nicht einhalten kann, da sich die Arbeit mit den Pferden nicht genau abzuschätzen lässt. So bin ich nicht beunruhigt, als er zur verabredeten Zeit noch nicht da ist. Ich gehe nach draußen und warte im Rosengarten auf ihn. Heute gehe ich gar nicht gerne zu diesem Termin, denn unsere Haltung zu der Operation hat sich nicht geändert. Die Kletterrosen am Pavillon scheinen heute besonders schön zu blühen, vor einer wunderschönen tiefroten Blüte bleibe ich stehen, schließe meine Augen und rieche daran. Ich höre das Pfeifen der Vögel und das Summen der Bienen. Man sagt dem Rosenduft nach, dass er Herzen öffnet, genauso fühlt es sich jetzt an. Mir wird ganz leicht und ich genieße diesen herrlichen Blumenduft. Nicht umsonst stehe ich manchmal in dem Pavillon und lasse mich berieseln von dieser wundervollen Energie. Just in diesem Moment klingelt das Telefon, ich öffne die Augen und schaue nach, wer mich anruft. Severin! Oh, hoffentlich ist nichts passiert, und überhaupt sollte er schon lange zu Hause sein. Leicht genervt, weil ich befürchte, dass wir den Termin nicht einhalten können, melde ich mich. »Severin, wo bist du? Du solltest schon lange da sein, wir haben doch abgemacht, dass ...« Er unterbricht mich und sagt: »Mami, ich kann nicht kommen, kannst du bitte den Termin schieben? Wir sind auf der Autobahn und der Pneu am Auto ist geplatzt. Es ist unmöglich, dass ich jetzt wegkomme.» – »Alles gut, Gott sei Dank ist nichts Schlimmeres passiert. Selbstverständlich rufe ich in der Klinik an und verschiebe den Termin auf die kommende Woche.»

Folge den Zeichen ... was hat das gerade zu bedeuten? Ich frage mich, ob es uns aufzeigen will, dass wir den Arzttermin gar nicht brauchen? Ich lasse diese Frage einfach im Raum stehen und beschließe, es weiter zu beobachten.

Ist dies der richtige Weg?

Eine weitere Frage, die sich gehäuft zeigt, ist, ob der eingeschlagene Weg auch wirklich der Richtige ist. So nutze ich einen freien Nachmittag, um dieser Frage auf den Grund zu gehen. Ich bin unschlüssig, worauf ich gerade Lust habe. In der engeren Auswahl stehen der Kraftweg am Kronberg oder Devas Garden in Bubikon. Das sind zwei Orte, welche ich besuche, wenn ich Energie auftanken muss und nach Antworten suche. So richte ich ganz entspannt Schuhwerk für beide Ausflüge, den Rucksack und alles, was ich möglicherweise brauche. Ich setze mich ins Auto, stelle mir erneut ganz bewusst die Frage: »Bin ich auf dem richtigen Weg für die Heilung Severins?« Dann fahre ich los.

Nach sechs Kilometern komme ich an eine Kreuzung, hier muss ich mich final entscheiden, wohin ich gehe. Intuitiv bediene ich den Blinker und biege ab, somit ist die Entscheidung zugunsten des Kronbergs gefallen. Voller Vorfreude stelle ich das Radio lauter, es läuft gerade das Lied »Bitte hör nicht auf zu träumen« von Xavier Naidoo. Ich singe mit und schon legt sich ein Lächeln auf mein Gesicht. Im Moment ist jeder Traum von einer besseren Welt einfach nur Balsam für meine Seele. So lenke ich mein Auto beschwingt in Richtung Jakobsbad. Während ich mir überlege, dass ich früher niemals auf die Idee gekommen wäre, alleine wandern zu gehen, kenne ich heute den Wert von solchen Abenteuern. Ich bin schon in Herisau, was bedeutet, dass die Anfahrt fast geschafft ist, als mein Telefon klingelt. Ich schaue auf das Display meines Smartphones, der Anruf kommt von Severin. Das ist außergewöhnlich, er ruft mich niemals von seiner Arbeit an, außer es ist wirklich sehr dringend. Sofort fahre ich an den Straßenrand und nehme den Anruf entgegen. Er fragt mich, wo ich sei und was ich gerade mache. Ich erkläre ihm, ich sei in Herisau und wolle gerade auf den Kronberg, um den Kraftweg zu machen. Gleichzeitig hake ich nach, was der Grund des Anrufes sei? Er erzählt mir, dass er ganz starke Rückenschmerzen habe, und ob es mir möglich wäre, ihn bei der Kundschaft abzuholen. Auf meine Frage, wo er sei, antwortet er: »Wir sind gerade auf dem Weg nach Bischofszell. Wir sind in circa fünfzehn Minuten da, könntest du mich bitte holen und zum Arzt fahren?« Selbstverständlich sage ich zu.

So fahre ich nach Bischofszell, um Severin zu holen. Wir fahren zeitgleich an den vereinbarten Ort und ich kann ihn direkt zum Arzt bringen. Interessant an dieser Geschichte ist für mich die Frage, bin ich auf dem richtigen Weg für die Heilung Severins? Intuitiv fahre ich links, hätte ich den Blinker rechts gesetzt, wäre ich in Richtung Ricken gewesen und hätte echt den falschen Weg gewählt. So bekomme ich auch hier eine klare Antwort. Ja, ich bin auf dem richtigen Weg für die Heilung Severins. Ich erlebe einmal mehr, dass »folge den Zeichen« funktioniert.

Ich fahre Severin zu unserem Hausarzt. Er diagnostiziert einen Hexenschuss, macht ihm eine Spritze und gibt ihm Medikamente zur Entspannung der Muskulatur und noch eine Packung Magnesium. Ein interessanter Aspekt in dieser Geschichte ist auch die Psychosomatik. So zeigt der Hexenschuss auf, dass es für Severin viel belastender ist, als er es uns sagt. Die Schmerzen liegen im Sakralchakra auf Nierenhöhe. Das bedeutet, dass die unausgesprochene Angst das Kreuz ist, welches er mit sich trägt. Einmal mehr sucht sich seine Seele den Körper als Sprachrohr aus. In einem passenden Moment spreche ich ihn vorsichtig auf dieses Thema an. Ich erkläre ihm, dass unterdrückte oder auch unbewusste Angst extrem kräfteraubend ist, dass sie das Sakralchakra blockiert und es so zum Beispiel zu einem Hexenschuss kommen kann. Interessant ist der Zusammenhang, dass die Aktivierung des Kehlchakras auch das Sakralchakra enorm stärkt. Das Kehlchakra aktivieren wir durch Kommunikation und das Fühlen der Gefühle. Wenn Severin jetzt also mitteilen könnte, wie er sich fühlte, und zu seinen absolut verständlichen Ängsten stehen könnte, würde er viel Kraft schöpfen für den Weg, den er jetzt gerade gehen muss. Mir ist schon öfters aufgefallen, dass Severin keine Angst zu haben scheint. Er liebt das Risiko und vergisst dabei wirklich oft, auf sich aufzupassen. Es kann beängstigend sein, es kann aber auch sehr beeindruckend sein, dass er sich verhält, als gäbe es diesen Tumor nicht. Er macht alles mit, was den Eingriff verhindern könnte, doch ansonsten ist ihm nicht viel anzumerken. Wie Martin arbeitet er sehr viel und kommt oft erst spät nach Hause, hat er etwa dieses Fluchtmuster schon übernommen? Die Wahrscheinlichkeit ist sehr groß.

Hochzeit und Geburtstagseinladungen

Mir ist klar, dass viele Menschen unsere Herangehensweise nicht verstehen, deshalb sprechen wir auch nicht mit allen darüber. Es reicht, wenn ich sage, dass wir noch nicht operieren. Nicht selten erlebe ich dann Unverständnis, selbst wenn es nicht ausgesprochen wird. Die fragenden Gesichter meines Gegenübers sprechen Bände. Wie könnt ihr so fahrlässig sein? Was, ihr operiert nicht, nehmt ihr euren Sohn als Versuchskaninchen? Geht es euch noch gut? Habt ihr sie noch alle? Lauter solche Fragen füllen den Raum, zurück bleiben belanglose Gespräche über dies und das. Diese Begegnungen kosten mich viel Energie, weil sie mehrfach meinen eigenen Zweifler aktivieren, und schon ist dieser lästige Specht wieder da, der an meinen Kopf hämmert und die Vorgehensweise bemängelt. Da bin ich wirklich dankbar, wenn ich im Außen wieder Zeichen bekomme, die uns den Weg weisen. Freud und Leid sind bekanntlich ganz dicht beieinander. So ist es auch bei uns.

Wir haben eine Einladung zur Hochzeit, sie wird im September sein. Es wird ein richtig großes Fest und alle sind bereits mit den Vorbereitungen beschäftigt. Je näher dieses Fest kommt, umso mehr spüre ich, dass es mir zu viel wird. Ich freue mich riesig für das Brautpaar und schätze die beiden sehr. Auch glauben wir, dass sie sehr gut zusammenpassen, und wir wünschen ihnen das ganze Glück der Welt. Ich merke aber auch, dass ich zurzeit sehr instabil bin, was meine Gefühlswelt anbelangt. Es braucht sehr wenig und ich beginne zu weinen. Das stört mich grundsätzlich nicht wirklich, dennoch finde ich es unangebracht, wenn ich zum Beispiel während der Trauung in der Kirche laut losweine, weil ich Angst habe, Severin könnte diesen wunderbaren Moment nie erleben. Diese Gedanken sind da, und so befürchte ich, dass genau das geschehen könnte. Ich möchte jedoch den freudigen Tag nicht trüben und so teile ich Martin meine Ängste mit.

Wir wägen ab und entschließen uns schweren Herzens, die Teilnahme abzusagen. Es stehen zudem diverse Einladungen zu runden Geburtstagen an, da möchte ich ebenso nicht die Spaßbremse sein. Ich nehme allen Mut zusammen und entschuldige uns auch für diese Anlässe. Wie befürchtet, ist das Verständnis nicht bei allen gleich groß. Für mich ist es jedoch erleichternd, weil ich mich dann nicht verstellen muss. Es stimmt mich sehr nachdenklich, wie schwer es mir immer noch fällt, abzusagen. Ich möchte niemanden verletzen, allerdings zahle ich dabei einen hohen Preis, denn ich verletze mich ja selber, wenn ich nicht dazu stehe. Ich bin gerade sehr erstaunt, dass ich selbst bei so großen Belastungen nur schwer den Mut finde, für mein Wohl hinzustehen.

Zweiter Termin in der Klinik

Heute ist der verschobene Termin in der Spezialklinik. Dieses Mal schafft es Severin pünktlich nach Hause. Es regnet, der Himmel ist trüb und wolkenverhangen. Obwohl Spätsommer ist, beschleicht mich leise das Gefühl, dass sich der Herbst langsam ankündigt. Ich werfe mir die leichte Strickjacke über, nehme die Autoschlüssel und schließlich verlassen wir das Haus. Motivation sieht anders aus, das Erlebnis vom letzten Besuch in dieser Klinik hängt noch nach. Die Autofahrt dauert knappe 20 Minuten. Wir parken auf dem Parkplatz der Klinik, lösen ein Ticket, nehmen den roten großen Schirm und laufen schnell, um dem Regen zu entfliehen, in Richtung Eingang. Den Schirm kurz ausschütteln und dann ab zur Anmeldung.

Die Arztgehilfin schaut uns fragend an und teilt uns mit, wir hätten doch gar keinen Termin. Ich sage ihr, sie habe mir diesen doch selber vor einer Woche am Telefon gegeben, als ich habe absagen müssen wegen des kaputten Pneus. Daran erinnert sie sich, aber es gibt keinen neuen Termin, obwohl dieser ausgemacht war. Es sieht so aus, als wären wir umsonst angereist. Auf meine Frage, ob sie uns einschieben könne, schüttelt sie verneinend den Kopf. Sie gibt uns einen neuen Termin und wir ziehen unverrichteter Dinge von dannen. Ich bin gerade nicht sicher, ob ich mich erleichtert, verarscht oder einfach enttäuscht fühle. Auf jeden Fall stimmt es mich nachdenklich, dass der Termin wieder nicht stattfindet. Das hier ist die Spezialklinik, will mir die Energie trotzdem sagen, dass es nicht richtig ist? Severin und ich diskutieren auf der Heimfahrt darüber und irgendwie können wir es kaum glauben, dass es mit den Arztterminen einfach nicht klappen will.

Zweites MRI

Wir gehen weiter zu den regelmäßigen Besuchen bei dem Heiler. und auch meine Energiebehandlungen führen wir konsequent durch. In drei Tagen haben wir den zweiten Termin fürs MRI. Die Hoffnung, dass sich der Tumor verkleinert hat, ist groß, dennoch gibt es da diesen Anteil in mir, der mir immer wieder sagt: Was, wenn der Tumor gewachsen ist? Was, wenn er stark gewachsen ist? Kann ich damit leben, wenn wir dieses Risiko eingehen und am Ende als Verlierer dastehen? Mein Gefühl sagt mir, dass es gut ist, doch diese Scheißangst ist unterschwellig immer da. Ich staune sehr über Severin, er lacht viel und scheint den Tumor zeitweise sogar echt zu vergessen. Er macht mir das Leben leichter. Wenn er die ganze Zeit jammernd herumhängen würde, wäre es viel anspruchsvoller. Ich glaube, dann käme ich total an meine Grenzen und würde ich alles daransetzen, dass wir die Operation machen.

In der Familie erlebe ich die ganze Geschichte schon als kräfteraubend und dennoch finde ich, wir machen das sehr gut. Jeder lebt sein Ding, so gut es geht. Martin arbeitet noch mehr, es ist Hochsaison auf dem Markt. Mir scheint ab und an, dass er sich in der Arbeit verkriecht, um der Traurigkeit, die wie ein Schleier im Raum hängt, zu entfliehen. Jasmin ist anhänglicher als sonst, sie versucht gerade, alles sehr gut zu machen, damit es uns allen gut geht. Sie und Severin haben den Luxus, dass sie jederzeit im Lehrbetrieb von Severin ausreiten dürfen. Oft erlebe ich, dass sie sehr angespannt weggehen und es ist herrlich zu sehen, wie entspannt sie von diesen Ausflügen zurück nach Hause kommen. Pferde sind sehr gute Therapeuten, das kann ich ganz klar erkennen. Patrice ist öfter als sonst am Computer und trifft sich mit seinen Freunden. Er ist gerade auf Lehrstellensuche als Informatiker. Es stehen Tests an, die er seinen Bewerbungen beilegen muss. Ich habe keine Bedenken, dass er es nicht schafft, aber ein sehr schlechtes Gewissen, denn ich habe Angst, dass ich ihn bei der Suche nach der richtigen Stelle zu wenig unterstütze. Er ist ein sehr guter Schüler, ich glaube, ich habe ihn nie wirklich lernen gesehen. Es ist schön und beruhigend, dass ihm die Schule so leicht von der Hand geht.

So ziehen die Tage dahin und wir warten sehnlichst auf das Ergebnis des MRI. An diesem Tag habe ich fünf Kunden eingeschrieben. Ich habe eine kosmetische Praxis, in der ich ganzheitlich arbeite. Seit etwa drei Jahren ergänze ich die Kosmetik mit immer mehr energetischen Behandlungen. Edelsteine, Schüsslersalze, Schröpfen, diverse Energiebehandlungen, Farb- und Aromatherapie und diverse Massagetechniken. Mein Arbeitstag beginnt meist um acht Uhr in der Früh. Heute starte ich mit einer Fußpflege. An diesem speziellen Tag frage ich meine Kunden, ob ich das Handy ausnahmsweise mit in den Behandlungsraum nehmen darf. Ich möchte diesen Anruf nicht verpassen. Meine Kundin ist eine sehr liebe, verständnisvolle Frau, sie kommt regelmäßig in die Fusspflege. Heute hat sie schon die weißen Flipflops an, damit der Nagellack im Anschluss gut trocknen kann. Sie setzt sich auf meinen bequemen Korbstuhl, im Wissen, dass sie jetzt ein sprudelndes warmes Fussbad genießen kann. Ich sehe es sofort, sie hat die Hälfte von meinem Job bereits gemacht, Nagellack entfernt, die Nägel ziemlich gut geformt. Manchmal stelle ich mir die Frage, weshalb die Menschen das tun? Sie bezahlen mich doch für den ganzen Job und nicht nur für den halben. Ich schmunzle und sage: »Du hast mir aber schon ganz schön viel Arbeit abgenommen.« Ich frage sie, ob ich ihr einen Kaffee machen dürfe. Sie hätte gerne einen Cappuccino und so gehe ich und bereite das gewünschte Getränk zu. Während ich im Vorraum bin, schmunzle ich und bin dankbar für meine tollen Kunden.

Das Brummen des Hornhautfräsers übertönt fast das Klingeln des Telefons. Endlich, es ist der Anruf von unserem Hausarzt, er teilt mir mit, dass der Befund identisch ist mit der letzten Bildgebung. Wir sind beide erleichtert und beschließen, so weiter zu verfahren wie bisher. Natürlich rufe ich auch Severin gleich an. Wir sind froh, denn Stillstand bedeutet Zeit. Zeit ist in solchen Momenten extrem wertvoll, sie gibt uns Handlungsspielraum. Natürlich hätte ich mir gewünscht, dass der Tumor sich verkleinert hätte. Aber immerhin Stillstand! Martin und die Kinder warten ebenfalls auf das Ergebnis, so informiere ich sie über Whatsapp im Familienchat. Die Erleichterung von allen ist deutlich spürbar. Es scheint, als höre ich selbst über das Telefon das Aufatmen von allen.

Heute Abend sind wieder einmal alle zu Hause. Ich nutze das und bereite alles zum Grillen vor. Die Feuerschale anwerfen, Tomate-Mozzarella und Gurkensalat vorbereiten sowie das Cognacsteak aus der Gefriertruhe nehmen. Wir feiern diese gute Nachricht und jeder erzählt von seinem Tag. Patrice hat eine neue Schnupperstelle, Jasmin durfte heute ein richtig großes Blumengesteck anfertigen, Martin bekam sehr schöne Ware angeliefert, Severin erzählt eine lustige Reiterepisode und ich bin einfach dankbar für diesen schönen Moment. So könnte man sagen: »Freude herrscht!« Mir ist absolut bewusst, dass das ein sehr kurzer Moment der Erleichterung ist. Das bedeutet jedoch nicht, dass ich ihn nicht mit jeder Faser meines Körpers genieße.

Schüttelbecher oder Berg und Talfahrt

In einer Woche ist Wega, das ist eine Messe im Nachbarort. Sie findet jährlich statt und ist der Anlass in der Umgebung. Da treffen sich Jung und Alt, Mann und Frau. Wer aus der Umgebung kommt und nie mehr in Weinfelden ist, kommt spätestens, wenn die Wega stattfindet, wieder heim. Martin ist nicht begeistert davon, was man aber von mir und den Kindern nicht sagen kann. Die Kinder leben diese fünf Tage fast nur auf der Messe, und ich verabrede mich jedes Jahr mit vier Frauen. Wir treffen uns immer am Freitagmittag um dreizehn Uhr an der Bushaltestelle, um hinzufahren. Die alljährliche Vorfreude ist groß und wir lachen schon, als wir uns begrüßen. Wega ist einfach gut! Wir lösen unsere Tickets und sind leicht übermütig. Mir scheint, kindliche Freude begleitet uns und für einen kurzen Augenblick vergesse ich alle Probleme um mich. Der Verkehr ist schon zähflüssig, da die Durchfahrt in Weinfelden sehr erschwert ist. Dennoch kommen wir relativ schnell, dem Bus sei Dank, wohlbehalten mitten im Getümmel an. Wir stechen direkt ins Dorf und nehmen ein Bad in den altbekannten Marktständen. Der Börner Reibenverkäufer versucht uns wie üblich, sein Produkt anzupreisen. Ist das nicht langweilig, Tag für Tag denselben Spruch runterzuleiern und Gemüsereiben bis zum geht nicht mehr zu verkaufen?

Ich liebe »Wegaschmecken», das ist ein eigener Ausdruck von mir. Das ganze Dorf ist gefüllt mit so herrlichen Düften, dass ich ab und an stehenbleiben muss und einfach die Augen schließe, damit ich all die unwiderstehlichen Düfte genießen kann. Knobibrot, Magenbrot, Zuckerwatte, Käsechüechli, Maron und nicht zuletzt die Düfte des Duftschlosses. Dieser Stand hat es mir besonders angetan. Der Verkäufer ist ein sehr eigener Mann, er erinnert mich an einen übergroßen Zwerg. Ich stelle mir vor, wie er in der Höhle steht und seine Düfte zusammenbraut, mit der Absicht, möglichst viel Gutes für die Welt damit zu bewirken. Eines ist sicher, er liebt jedes einzelne Fläschchen, welches er zum Verkauf anbietet. Natürlich habe ich inzwischen schon fast ein kleines Duftschloss zu Hause, denn er verkauft überzeugend und die Produkte sind wirklich sehr gut. Was auch Tradition hat, sind die heißen Maroni, da können wir einfach nicht vorbeigehen, wenn der Maroniverkäufer seine Ware anpreist mit den Worten: »Maroni, Maroni, ganz heiß, Maroni, ganz gut!« So leisten wir uns eine Tüte und verspeisen sie genüsslich. Auf dem Marktplatz treffen wir auf den Blumenverkäufer, ein regelrechter Marktschreier! Unglaublich, wie er Jahr für Jahr seine Ware über das Mikrofon anpreist. Seine Stimme ist angeschlagen vom vielen Sprechen, doch es scheint sich zu lohnen, mehrere Menschen kaufen tatsächlich diese großen Pflanzen. Ich stelle mir vor, wie unpraktisch das doch sein muss, diese durch die Messe zu tragen.

Ich staune immer wieder, was für Aussteller den Weg auf diese Messe finden. An welchem Stand ich auf gar keinen Fall vorbeigehen kann, ist der Stand mit dem Käse, dem geräucherten Fleisch, den Oliven und den hausgemachten Steinpilzravioli. Hier lasse ich wie gewohnt ein kleines Vermögen liegen. Im Gegenzug nehme ich eine Tüte gefüllt mit wahren Genussschätzen mit nach Hause. Ein Beutel Magenbrot für meine Schwiegereltern und gebrannte Mandeln zum Kaffee dürfen auch nicht fehlen. In der Degustationshalle testen wir den angepriesenen Wein und nicht selten begegnen wir Menschen, die wir ewig nicht mehr gesehen haben. Wie gesagt, ein Anlass der sehr viel Freude bereitet. Meine Schwägerin kauft sich heute einen Cowboyhut, denn sie ist morgen auf einen fünfzigsten Geburtstag eingeladen mit dem Motto Country. Sie probiert verschiedene Modelle, es stehen ihr alle wirklich gut und so suchen wir den allerschönsten aus. Das Geburtstagkind ist Linedancerin und deshalb wird das Fest danach ausgerichtet. Auch eine der Einladungen, welche wir absagten. Im Haxenzelt lassen wir uns kulinarisch verwöhnen und zum Abschluss geht es noch in die Siebenschläferbar. Ich bin jetzt müde und verabschiede mich vorzeitig und nehme den Bus nach Hause.

Am darauffolgenden Morgen, um halb sieben in der Früh, klingelt mein Telefon. Meine Schwägerin meldet sich, sie weint und sie kann nur schwer sprechen. Sie fragt mich, ob ich kommen könne, ihr Mann wolle sich trennen, er habe eine andere Frau kennengelernt. Ich verspreche, dass ich mich nur kurz anziehe und gleich vorbeikomme. Sie sind nicht nur Schwägerin und Schwager, sondern unsere allerbesten Freunde, und gleichzeitig unsere Geschäftspartner. Ich schließe meine Augen und denke, mein Gott, schlimmer kann es bald nicht mehr kommen. Drei Geschwister in der Trennung und der Gehirntumor, zwei von den Trennungen haben sehr viel mit dem Geschäft zu tun, das zieht mir langsam den Boden unter den Füßen weg. Es ist, als wenn es keinen Punkt mehr gäbe, der gesetzt ist. Es rüttelt und schüttelt gerade überall, es fühlt sich an wie in einem Schüttelbecher oder auf einer Berg- und Talbahn auf dem Jahrmarkt.

Sinnfindung für das System

Das ist für uns ein weiterer Tiefschlag. Wenn bis jetzt immer noch eine gewisse Stabilität, ein Halt, da war, so geht dieser gerade verloren. So ist es richtig anspruchsvoll für mich, es gibt keinen Ort, mehr an dem ich zur Ruhe komme. Ich bin sehr damit beschäftigt, allen zu helfen, denn es soll ja allen gut gehen. Doch ich vergesse dabei etwas Wesentliches. Nämlich mich selber. Ich gestehe es mir nur sehr ungern ein, aber ich fühle mich ausgebrannt, energielos und irgendwie leer. Natürlich spreche ich mit niemandem darüber, weil ich auf gar keinen Fall Schwäche zeigen darf. Wenn mich jemand fragt, wie es mir geht, antworte ich ganz selbstverständlich mit »gut“.

Martin geht es sehr ähnlich, sein Fluchtversuch in die Arbeit funktioniert nicht mehr. Als Kind hat er gelernt, sich mit Arbeit einzudecken und sich abzulenken. Genau wie ich hat er in der Kindheit gelernt, Gefühle zu unterdrücken. Doch nun begegnet ihm überall diese Schwere. Bei uns daheim, bei seinen Eltern, auch im gemeinsamen Garten und im Geschäft begegnet er täglich seinem Bruder, der Schwägerin und deren Kindern. Das Ablenken funktioniert nicht mehr wirklich. Ich sehe, dass es ihm nicht gut geht, und spreche ihn darauf an.

Da ich systemische Aufstellungen anbiete, drängt es sich auf, die Geschichte auch aus diesem Blickwinkel zu betrachten. Die Erkenntnis ist ernüchternd, der Gehirntumor ist die beste Möglichkeit, jedem Einzelnen aus unserer Familie sein eigenes Thema wie auf dem Silbertablett zu präsentieren. Der Gehirntumor und die dazugehörige Psychosomatik gehören nur Severin, was es jedoch mit jedem Einzelnen von uns macht, das gehört jedem von uns selbst. Aus meiner Prägung habe ich gelernt, alles zu kontrollieren, Selbstaufgabe und zu funktionieren. Hauptsache, den anderen geht es gut. Mein großer Lernschritt ist jetzt definitiv die Verantwortung dorthin zurückzugeben, wo sie hingehört, und endlich Verantwortung für mich selber zu übernehmen. Martin darf lernen, dass es wichtig ist, Gefühle zuzulassen, seine Ängste anzuschauen und nicht nur Arbeiten und Geldverdienen als Lebensinhalt zu betrachten. Auch er hat ein Recht, zu leben und sein Leben zu genießen. Gerade jetzt wird ihm aufgezeigt, dass das Leben sehr schnell vorbei sein kann.

Als Severin die Meningokokken-Meningitis hatte, sagte die Ärztin zu Martin, dass Severin jetzt sterben werde. Jasmin und Patrice waren bei diesem Gespräch auch anwesend, ich war auf der Intensivstation bei Severin. Die Ärztin wandte sich den Kindern zu und sagte ihnen, dass für Mami und Papi jetzt eine schlimme Zeit komme und sie müssten ganz brav sein. Das war traumatisierend. Diese Prägung zeigt sich jetzt klar. Alle unsere drei Kinder sind Teenager. Sie wollen leben, wollen ihre Grenzen kennenlernen, ein wenig rebellieren und sich ausprobieren. Doch Jasmin und Patrice können wegen dieser Traumageschichte nicht anders, als schön brav zu sein. Ein Tumor, fünf Geschichten und jede lädt ein zur persönlichen Transformation. Ein wahrer Gefühlscocktail, diese Erkenntnis macht mich dankbar, aber irritiert und verwirrt mich gleichzeitig. Aus dem systemischen Blickwinkel weiß ich, je mehr wir von diesen Themen lösen, umso eher wird sich der Tumor zurückziehen. Es ist jedes Mal faszinierend, wenn ich Aufstellungen anbiete und sich die Themen so klar zeigen, wie sie sich lösen können, sobald sie erkannt werden. So sind wir nun eingeladen, die neuen Erkenntnisse anzuschauen und möglichst zu integrieren. Natürlich darf jeder frei wählen, wie weit er beziehungsweise sie bereit ist, hinzuschauen.

Transformation

Nach dieser großen Erkenntnis verändert sich viel. Ich wähle ganz bewusst, nicht mehr so häufig bei allen nachzufragen, sondern mit mir selber ins Gebet zu gehen. Mir selbst diese Fragen zu stellen, wie es mir geht und was ich brauche, damit ich wieder genügend Kraft habe. Ich streiche Termine in der Agenda ab und entschließe mich, das Wohlfühlprogramm mit Sauna und Whirlpool, welches ich in meiner Praxis anbiete, für den Moment zu streichen, da ich die Abende ganz bewusst mit meiner Familie verbringen möchte. Die Meditation wird zur Abendroutine und so finde ich immer wieder Kraft, weiterzugehen. Martin kommt wieder früher nach Hause und er lässt mich vermehrt teilhaben, wie es ihm gerade geht. So auch an diesem Abend. Jasmin ist mit einer Freundin ins Kino gefahren, Patrice ist an der Thur zum Grillen und Severin ist in der Werkstatt bei seinem Freund. Martin und ich sind also heute alleine zuhause. Wir finden beide, dass uns frische Luft guttun würde, so beschließen wir, eine Runde spazieren zu gehen. Es ist ein lauer Oktoberabend, eine leichte Jacke reicht völlig aus, um mich zu wärmen. So wähle ich die rot-blaue Trainingsjacke und Martin einen hellbraunen Pullover, darüber trägt er seine Helly-Hansen-Weste.

Der Abend lädt ein, die Runde im nahegelegenen Naturschutzgebiet zu wählen. Dieser Spaziergang dauert etwa eine Stunde und der Weg verläuft geradeaus, das heißt, es ist eine entspannte Runde. Der heutige Abend scheint besonders schön zu sein. Grillen zirpen, Fischreiher fliegen und auf der Wiese sind sogar drei Störche auf der Futtersuche. Was uns auffällt, sind die gefällten Bäume, es gibt hier im Gebiet mehrere Biber und wir bekommen einen direkten Einblick in ihre Arbeit. Erstaunlich, dass ein Tier so große Bäume problemlos fällen kann, und noch erstaunlicher ist der Instinkt, den sie haben, wann der Baum wohin fällt. Ich habe noch nie einen Biber gesehen, der vom Baum erschlagen wurde. Die Natur ist einfach unglaublich. Was wäre, wenn dieser Instinkt in uns Menschen angelegt wäre? Ich glaube aber auch, dass wir einfach verlernt haben, diesem Instinkt zu folgen. Ich bezeichne ihn bei uns Menschen als Intuition, Bauchgefühl und sage sogar, es ist nichts Anderes als Medialität. Ich trainiere diesen Anteil bereits seit längerem, manchmal kann ich kaum glauben, wie einfach es ist, in diese Kraft einzutauchen und wie wertvoll, es ist sie zu nutzen.

Während wir diesen abendlichen Rundgang genießen, erzählen wir uns auch, wie es uns wirklich geht. Es gibt Momente, in denen ich weine und gleichzeitig fühle ich mich Martin so nah wie lange nicht. Einmal mehr bestätigt sich, dass die Verbindung viel tiefer und echter ist, wenn wir uns verletzlich zeigen. Man sieht sich mit ganz anderen Augen und das Verständnis ist leichter. Wir sind ja keine Postautos, uns fehlt die Leuchtschrift auf der Stirn, die über unser Wohlbefinden informiert. Übrigens finde ich das eine amüsante Vorstellung, die Menschen laufen umher und auf der Stirn leuchtet in Großbuchstaben, was sie wollen. Doch so funktioniert es ja bekanntlich nicht. Es ist unsere Aufgabe, uns mitzuteilen, wenn wir gesehen, gehört und verstanden werden wollen. Wenn wir glauben, dass wir nicht ernst genommen werden, ist es eine Einladung, uns selber noch ernster zu nehmen und für unsere Bedürfnisse deutlicher einzustehen. An diesem Abend versprechen wir uns, dass das unsere neue Beziehungsebene sein wird. Als wir im Bett liegen, halten wir uns noch lange und schlafen schließlich zufrieden ein.

Sonja tut sich Gutes

Wir leben bereits zwei Monate mit dem Wissen vom Tumor. Mein Leben hat sich komplett verändert. Ich bin ernster geworden, merke, wie ich keine Geduld mehr habe für oberflächliche Gespräche. Oft bin ich nachdenklich und was neu ist, ich sitze da und sage gar nichts mehr. Tauche immer wieder ein in das, was ist, und suche nach Antworten, nach Zeichen und hoffe, dass dieser Spuk endlich vorbei ist. Auch wenn ich den Sinn dahinter verstehe, den Weg sehe, geht es mir zu langsam vorwärts. Ich bin einfach nicht so gut im Geduldigsein. In solchen Augenblicken weiß ich, es ist Zeit für »Sonja tut sich Gutes".

Ich habe für die Familie ein feines Reisgericht mit Gurkensalat zubereitet. Nachdem alle satt sind, entschließe ich mich spontan, die Wanderschuhe und den Rucksack zu packen und auf den Kronberg zu fahren. Ganz alleine sitze ich in meinen Wagen und lenke ihn in Richtung Jakobsbad. Dort angekommen, tausche ich meine bequemen blauen Ballerinas gegen die hohen Wanderschuhe aus, nehme meinen Rucksack, schließe das Auto ab und laufe zur Seilbahnstation. Kurz davor muss ich noch Halt machen, da das Bimmeln der Zugglocke ertönt und die Barriere vom Zug hat sich gerade eben geschlossen. Schon knattert die rote Appenzellerbahn von rechts kommend in Richtung Appenzell an mir vorbei. Die Barriere öffnet sich und ich gehe zielstrebig zum Kassenhäuschen und löse mein einfaches Ticket. Jedes Mal, wenn ich hier ankomme, fühle ich mich glücklich und frei. Die Zeit scheint wunderbar aufzugehen, kaum halte ich das Ticket in den Händen, fährt schon die gelbe Gondel ein. So eile ich die Stufen der Treppe hoch, zeige das Ticket und kann sofort in die Gondelbahn einsteigen. Obwohl die Sonne scheint, gibt's heute sehr wenig Betrieb, denn es ist Dienstag und noch keine Herbstferien. Die Gondel ist so knapp besucht, dass ich sogar einen der wenigen Sitzplätze direkt beim Fenster nehmen kann. Und schon geht es los, die Reise auf den Berg der 1657 Meter über dem Meeresspiegel liegt. Die

Fahrt dauert entspannte acht Minuten. Kurz vor der Ankunft ertönt ein Jodeln aus dem Lautsprecher in der Gondel. Der Gondelfahrer trägt ein hellblaues T-Shirt, auf welchem fett in Gelb geschrieben steht: »sönd willkomm“. Das amüsiert mich, alle die hier auf dem Berg arbeiten, tragen solche T-Shirts und jedes hat einen anderen originellen Appenzellerspruch aufgedruckt. Oben angekommen werde ich bereits das erste Mal für diese Ausflugsidee belohnt. Die Aussicht ist heute hervorragend. Ich sehe bis zum Bodensee und die umliegenden Berge sind klar und man hat das Gefühl, sie seien zum Greifen nah. Ich bleibe einfach stehen, schließe die Augen und atme ein um das andere Mal tief ein und aus. Meine geplante Wanderroute ist der Waldteil des Kraftweges. Hier gehe ich immer hin, wenn ich meinen Akku aufladen will. Ich laufe um das Restaurant herum, bleibe immer wieder stehen und sauge die Bilder, die sich mir zeigen, buchstäblich auf. Stehenbleiben, Augen schließen und tief durchatmen. So fühlt sich Freiheit an. Herrlich! Hier scheint alles unberührt von der Welt, die ich gerade hinter mir gelassen habe, und ich fühle mich unendlich dankbar für diesen kostbaren Augenblick.

Beim Einstieg in den Kraftweg gibt es ein rotes, sehr bequemes Bänkchen, für eine Sekunde bin ich versucht, mich hier hinzusetzen. Doch es zieht mich bereits auf den Wanderweg, so lasse ich die Spitze des Berges fast so schnell hinter mir, wie ich sie betreten habe. Ich tauche ganz in die Magie dieser Wanderung ein. Ich bin einmal mehr erstaunt, dass es das immer wieder aufs Neue mit mir macht, es ist, als ob ich in eine andere Welt einträte. Achtsam und ganz bewusst begebe ich mich Schritt um Schritt in dieses Abenteuer. Eigentlich ist es eine ganz normale, sehr schöne Wanderung, die auf dem Jakobsweg liegt. Dennoch fühle ich hier die Kraft, die diesem Weg nachgesagt wird, ganz ausgeprägt. Wurzelausläufe überqueren den Weg, Farn säumt den Wegesrand, der Duft von Moos und Wald umhüllt mich. Zurzeit gibt es eine wahre Vielfalt an Pilzen, über den ganzen Waldboden verteilt. Es versetzt mich in Staunen, wie die Natur so viel Schönheit herbeizaubern kann. Meine Sinne sind wach, ich höre das Zwitschern der Vögel, rieche den moderigen Duft des Waldes, spüre einen leichten Windhauch auf meiner Haut und fühle mich einfach glücklich. So setze ich achtsam Fuß vor Fuß und erfreue mich an der Schönheit der Natur. Etwa nach einem Drittel des Weges steht ein sehr einfaches Holzbänkchen, es ist direkt vor einer Blumenfläche platziert und hier befindet sich auch der Abzweiger ins Tal. Heute setze ich mich nicht hin, ich gehe zielstrebig immer weiter in Richtung Jakobsquelle. Selbst wenn ich diesen Weg schon mehrmals gegangen bin, entdecke ich jedes Mal wieder neue Dinge, die mein Herz erfreuen. Heute fällt besonders auf, dass sich mir viele Schmetterlinge zeigen. Sie bilden ganze Gruppen und tanzen regelrecht vor mir und um mich herum. Das Krafttier Schmetterling steht für die Freude, die Leichtigkeit und die Transformation. All diese Dinge fehlen mir und sie wären gerade von enormer Wichtigkeit für mich. Ich deute es als Zeichen, dass mir die Transformation Freude und Leichtigkeit bringen wird.

Bereits die erste Botschaft an diesem Nachmittag. Tatsächlich kommt auch schon Freude und Erleichterung auf. Meine Gedanken schweifen ab, in zwei Tagen ist der nächste Termin in der Klinik. Was soll der uns bringen? Wo stehen wir gerade? Hat sich den Eingriff betreffend etwas verändert, ist Severin bereit für die Operation? Wenn nicht, frage ich mich gerade, weshalb wir den Termin überhaupt wahrnehmen sollen. Es bringt der Ärztin nichts und uns kostet es unnötig viel Kraft. Diese Erkenntnis nehme ich von der Wanderung mit nach Hause.

An diesem Abend kommt Severin erst ziemlich spät von der Arbeit. Bei ihm kann man die Arbeitszeit nie wirklich abschätzen, da sie manchmal eine relativ weite Anreise haben zu den Stallungen. Sie beschlagen dann immer alle Tiere, deren Hufe neue Eisen benötigen, so sparen sie Zeit und Wegkosten. Während ich warte, bin ich schon etwas ungeduldig, ich habe Martin meine jüngsten Erkenntnisse bereits mitgeteilt und warte, bis ich mit Severin darüber sprechen kann. Martin findet auch, dass es Sinn ergibt, diese Termine vorerst einzustellen. Na endlich, ich höre den lauten Motor von Severins Motorrad. Wir nennen dieses liebevoll die »Zwiebackfräse«, weil es so laut knattert. Die Tür öffnet sich und das leise Pfeifen von Severin ist zu hören. Schön, dass er scheinbar auch einen guten Tag hatte. Manchmal bin ich wirklich unmöglich, ich lasse ihn kaum ankommen, da bitte ich ihn, mit mir hochzukommen, weil ich etwas mit ihm besprechen möchte. Wir gehen in die Küche, ich gebe ihm Käse, Fleisch, Brot und Joghurt, fülle uns beiden ein Glas Mineralwasser ein und setze mich zu ihm. Ich frage ihn, wie es ihm heute gehe und was es mit ihm mache, wenn er an den Termin in der Klinik denke. Auch er fühlt sich unwohl bei dem Gedanken an den bevorstehenden Arztbesuch. Ich frage ihn, wie er dazu stehe, wenn wir den Termin vorläufig absagten. Es ist, als wenn ich hören könnte, dass ein schwerer Stein von seinen Schultern genommen würde.

So besprechen wir, dass ich am kommenden Morgen in der Klinik anrufen werde und vorerst den anstehenden Termin lösche. Diese Entscheidung treffen wir mit gutem Gewissen, da der Gesundheitszustand von Severin stabil und die letzte Bildgebung identisch mit der vorangegangenen ist. Wir nutzen die Zeit und suchen die Chance darin. Gleichzeitig finden wir, dass eine weitere Bildgebung den Heilungsprozess unterstützen würde. So verspreche ich Severin, dieses Telefonat am kommenden Tag zu erledigen.

Fokus halten

Es ist Mittwochmorgen, wie gewohnt gehe ich noch im Pyjama in die Küche, lasse mir einen starken Kaffee aus der Maschine und schneide mir frische Früchte. Heute wähle ich weiße und blaue Trauben, Banane und Kiwi, gekrönt wird das Ganze mit einem frischen Naturjoghurt. Ich liebe dieses Frühstück und genieße es in vollen Zügen. Punkt acht rufe ich in der Klinik an und teile ihnen unsere Entscheidung mit. Auf die Frage, wie wir uns das weitere Vorgehen vorstellen, antworte ich, dass wir die Zeit nutzen, die wir haben, dass wir eine weitere Bildgebung anstreben und uns melden, sofern die Operation für uns infrage kommt. Stille am anderen Ende der Leitung, einmal mehr Unverständnis. Genau diese Erfahrung bestätigt mir, dass die Entscheidung, den Termin abzusagen, richtig ist. Ich verabschiede mich freundlich mit der Abmachung, dass sie von uns hören würden, sobald wir bereit für die Schritte Richtung Operation seien. Anschließend gehe ich in meine Praxis und bereite alles vor. So begrüße ich, wie gewohnt, an diesem Morgen meine Kundinnen und versuche, ihnen einen guten Service anzubieten.

Um halb zwölf mache ich das Telefonat mit dem Hausarzt, von welchem ich mir die Zusage für eine weitere Bildgebung verspreche. Wie ich bereits erwartet habe, ist er nicht begeistert über die Absage des Termins. Dennoch versucht er, ganz ruhig zu bleiben und Verständnis aufzubringen. Das ist eine Qualität, die ich besonders an ihm mag. Er respektiert seine Patienten und die Bedürfnisse, auch wenn er eine andere Meinung hat. Ich erinnere mich an den Termin vor zwei Wochen bei ihm in der Praxis. Patrice verletzte sich am Fuß und wir mussten das dem Arzt zeigen. Nachdem wir die Behandlung von Patrice abgeschlossen hatten, fragte der Arzt nach, wie es uns mit Severin und dem Tumor gehe. Patrice wollte schon ins Auto und ich blieb noch und sprach mit dem Arzt. Er stellte mir auch kritische Fragen. Ich erklärte ihm, dass ich durch all unsere Geschichten etwas Wesentliches gelernt hätte. Der Tod sei allgegenwärtig, immer im Raum und wir alle wüssten nicht, wann er zuschlage. Ich erzähle ihm, auch wenn er es besser weiß als ich, was das wirklich für uns bedeute, dass wir mit der Aortavergrößerung, mit der Herzklappenüberdehnung und der Bienenallergie jeden Tag seit mehreren Jahren hätten leben müssen. Es habe eine Zeit gegeben, in der ich mich habe entscheiden müssen, täglich von dieser Scheißangst aufgefressen zu werden oder darauf zu vertrauen, dass uns nicht mehr auferlegt werde, als wir tragen könnten. Ich hätte mich für Letzteres entschieden. Der Arzt lässt sich in den Stuhl zurücksenken und versteht die Tiefe dieser Aussage. Genau das ist der Grund, weshalb ich ihm vertraue, das macht für mich den Mehrwert seiner genialen Arbeit aus. Dieses Verständnis erfahre ich erneut in diesem Telefonat, er verspricht mir eine weitere Bildgebung. Ich bedanke mich und weiß genau, die Weichen sind gestellt. Wir können den Fokus halten und uns weiter auf den Heilungsweg konzentrieren.

Was will mir die Energie aufzeigen?

Wie jeden Mittwochabend ist Martin in die Gesangsprobe gefahren. Er trifft dort seine Sängerkollegen, findet so den Ausgleich zu seiner Arbeit. Mir gefällt es sehr, ihm beim Singen zuzuhören. Ich liebte das schon an ihm, als wir uns zum ersten Mal begegneten. Ich erinnere mich sehr gerne an unser erstes Treffen zurück. Wie er auf der Bank saß und voller Hingabe die Lieder mitsang …

Heute bin ich alleine zu Hause, sitze in meinem warmen Bett und lasse den Tag Revue passieren. Tage wie diese rütteln mich auf und gleichzeitig laden sie mich ein, zu erforschen, was mir die Energie aufzeigen will. Einmal mehr habe ich mich gegen die Schulmedizin gestellt. Ich bin sehr dankbar, dass es die Schulmedizin gibt, und immer wieder erstaunt, was heute alles möglich ist. Sie machen einen sehr guten Job, manchmal auch wirkliche Wunder wahr. Für mich fehlt jedoch der ganzheitliche Ansatz, alles muss möglichst schnell wieder weg. Ich glaube, echte Heilung kann nur geschehen, wenn ich den Sinn der Krankheit verstehe. Es lohnt sich immer, genau hinzusehen und nachzuforschen, was mich diese Geschichte lehren will. Oft sehe ich, dass Menschen zum Beispiel das Knie operieren in der Hoffnung, dass sie danach weitermachen können wie zuvor. Ein Knie nutzt sich nicht ab, weil es gerade Lust und Zeit dazu hat. Unmissverständlich zeigt es die Grenze der Belastung auf und fordert ein, dass es geschont werden will. Im Nachhinein sagen die Betroffenen, es sei nicht mehr so belastbar wie früher, sie müssten die Leistung erst wieder antrainieren. Für mich heißt es nichts Anderes, als dass die Messlatte vom Körper gesetzt worden ist. Er zeigt auf, dass seine Grenze tiefer liegt, als es das Ego des Betroffenen will. Wenn man das versteht, die Grenze neu definiert und achtsamer damit umgeht, bekommt man die Lebensqualität zurück. In der Ruhe liegt die Kraft. Solche einschneidenden Zwischenfälle sind immer Einladungen, auch diesem Anteil, in diesem Fall dem Anteil der

Ruhe, mehr Raum zu geben. Staunend beobachte ich immer wieder, was alles möglich ist, sobald dieser Teil gelebt wird.

Wenn ich an meinen Kunden arbeite, spielt es keine Rolle, ob ich eine Gesichtspflege, Pediküre, Massage oder Energiebehandlung mache, die Botschaft ist immer sichtbar, sofern man sie erkennen will. Der Körper spricht mit uns über Reflexzonen, Organe, Chakren, Krankheiten, Verspannungen, selbst Hornhaut, Hühneraugen, Hammerzehen oder eingewachsene Zehennägel sind lediglich Aufforderungen, hinzuschauen und zu fragen, was es braucht, um die natürliche Balance wiederherzustellen. Da ich den Anspruch an mich selber habe, die Menschen nicht einfach zu belehren, zu sagen, du müsstest dieses oder jenes tun, lebe ich es einfach vor. So kann ich jederzeit meine persönlichen Prozesse als Beispiel nutzen. Empathie ist leicht, wenn ich selber eine Ahnung habe, wovon ich rede. Dazu kommt, dass es viel einfacher ist, etwas von jemanden anzunehmen, wenn er es selbst so lebt. Doch woher in Gottes Namen nehme ich das Recht, selbst in dieser Situation alles zu hinterfragen? Es geht nicht um einen eingewachsenen Zehennagel, sondern um einen Gehirntumor. Kann ich das wirklich verantworten? Ich erinnere mich daran, dass ich das nicht alleine entschieden habe. Ich stelle mir die Frage: Wäre es eine Option für mich, Severin operieren zu lassen, er könnte seinem geliebten Job nicht mehr nachgehen und hätte laut der Ärztin sicher wesentliche Einschränkungen? Fördere ich diese Operation nicht, weil ich es nicht ertragen könnte, wenn ich ihn behindert erleben müsste? Könnte ich auf den zufriedenen lachenden, vor sich her pfeifenden, »gesunden« Jungen verzichten? Das ist eine sehr anspruchsvolle Frage und noch anspruchsvoller ist es für mich, eine wirklich ehrliche Antwort darauf zu finden. Das Einzige, was ich wirklich weiß, ist, dass gar nichts sichtbar, keine Einschränkung erkennbar ist und dass es nach diesem Eingriff definitiv unveränderbar anders sein würde.

Heilung auf den Punkt gebracht

Was konkret bedeutet Heilung? Bedeutet Heilung, bei Kopfschmerzen eine Tablette zu nehmen, und die Schmerzen sind weg, oder eine Tablette zu nehmen und sich zu fragen, über was ich mir gerade den Kopf zerbreche? Wenn ich Kopfschmerzen ganzheitlich betrachte, ist es immer sinnvoll, die Leber und die Galle zu stärken, Bitterstoffe in diversen Formen sind sehr unterstützend. Wenn ich Wut, Ohnmacht und Hilflosigkeit nicht fühlen kann, blockiert das die Leber und die Galle. Sofern ich also Wut zurückhalte, entsteht Druck, und wenn dieser Druck kein Ventil findet, staut er sich und kann in Form von Kopfschmerzen zum Ausdruck kommen. Wenn ich bereit wäre, der Wut Raum zu geben, sie rauszulassen, würde sich die dichte Energie auf natürliche Art wieder lösen. Auch ich durfte nie wütend sein, musste aufs Zimmer oder in der Ecke stehen, bis ich wieder wusste, was sich gehörte. Wie soll ich denn herausfinden, was mich in meinem Leben wütend macht, wenn ich nicht wütend sein darf? Wut ist reine Energie, die ohne Ausdruck das ganze System blockiert. Die Leber ist das größte Entgiftungsorgan im Körper, wie soll sie gut arbeiten, wenn ich sie mit meinem Kampf gegen die Wut blockiere? So kann der Stoffwechsel nicht richtig funktionieren und das führt unter anderem zu Kopfschmerzen. Folglich hilft nicht die Tablette, sondern ich helfe mir selber, indem ich die Verantwortung übernehme für das Ungleichgewicht im System. Indem ich mir erlaube, die Wut zu fühlen. Natürlich darf ich Tabletten nehmen, doch längerfristig gesehen liegt die wirkliche Heilung immer in mir. Konkret heißt das, sie liegt im Fühlen der Wut, im Hinterfragen, was macht mich wütend, und das anschließend zu verändern. Die Tablette behebt für den Moment das Problem, belastet jedoch die Leber direkt noch mehr, da sie nun das Medikament noch entgiften muss.

Was konkret heißt das jetzt für mich in der Tumorsituation? Ich soll auch heilen? Severin ist doch krank. Ja, das stimmt,

Severin ist krank, und mit ihm das ganze System und jeder einzelne ist aufgefordert, jetzt hinzuschauen. Der Kampf gegen diese Krankheit wird mich, uns nicht heilen, den Tumor schnellstmöglich zu entfernen, wird uns nicht heilen, doch was heilt uns wirklich? Mich wird heilen, wenn ich aufhöre zu kämpfen, gegen das, was ist, und wenn ich aufhöre, immer wieder zu versuchen, die Kontrolle nicht zu verlieren. Es ist endlich an der Zeit, hinzuschauen, was da ist und wie ich darauf reagiere. Darin liegt das ganze Heilungspotenzial verborgen. Mein größter Schritt ist es, dass ich aufhöre, gegen mich selbst zu kämpfen. Ich kämpfe einen unerbittlichen Kampf, weil ich erst erlaube, bei mir selbst zu schauen, wenn es allen anderen gut geht, und das ist in der momentanen Situation anscheinend unmöglich. Wo mein Blick sich hinrichtet, überall brennt es. Die wichtigsten Menschen in meinem Leben stehen gerade im Feuer und ich möchte alle diese Feuer gleichzeitig löschen. Für das gibt es keine Tablette, da kann ich mir nur selber helfen, in dem ich das erkenne, und aus diesem Kampf ganz liebevoll und bewusst aussteige. Aufhören, Feuerlöscher für alle zu sein. Das ist Selbstheilung. Wir können den Tumor operativ entfernen, und einen hohen Preis dafür bezahlen. Ist das Heilung, wenn es Severin danach schlechter geht als jetzt? Wir können aber auch hingehen und erkennen, dass die Meningokokken-Meningitis bereits eine Hirnerkrankung war. Was also ist die Schnittstelle? Könnte die Heilung auf dieser Erkenntnis aufbauen? Wenn ich das klar einfangen kann und Severin die Verantwortung für diesen Prozess übernimmt, bin ich mir sicher, Heilung ist möglich. Ich weiß noch nicht, wie der Weg der Heilung aussieht, allerdings wird er immer greifbarer. Wir werden die Heilung nie finden, sofern wir glauben, dass sie von außen kommt, Heilung findet immer von innen nach außen statt.

Übung macht den Meister

Es ist Wochenende, wie so oft treffe ich mich an diesem Samstagmorgen mit meinen Eltern beim Einkaufen. Es hat sich so eingespielt, dass wir im dazugehörigen Restaurant einen Kaffee genießen. Was mir besonders gefällt, ist, dass es ganz individuell ist. Es hat sich zu einem kleinen, intimen Familientreffen entwickelt. Wer Zeit und Lust hat, kommt vorbei, manche nur kurz auf einen Kaffee. Heute bin ich mit meinen Eltern alleine. Ich hole uns eine Tasse Kaffee und setze mich zu ihnen an den braunen Holztisch.

Meine Mutter und ich pflegen einen engen Kontakt. In letzter Zeit ruft sie mich noch häufiger an, sie ist sehr betroffen und möchte einfach wissen, wie es uns geht. An diesem Morgen wird mir einmal mehr bewusst, dass es ihr gar nicht gut geht. Nicht nur ich bin gefordert, auch sie. Sie will sich nichts anmerken lassen, doch ich beobachte schon seit einiger Zeit, dass sie mehr Zigaretten raucht und sehr viel Kaffee trinkt. Heute blicke ich ihr in die Augen und kann ihren Kummer und die Sorge um uns darin sehen. Drei von ihren vier Kindern stecken gerade in einer großen Krise, das belastet sie sehr. Sie spricht nicht darüber, doch sie leidet mit uns allen. Ich weiß, sie vertraut mir und trotzdem ahnt sie, dass ich an dieser Geschichte brechen könnte. Das kann niemand besser verstehen als sie. Vor nicht allzu langer Zeit erzählte sie mir zum ersten Mal, dass ihr der Arzt während der Schwangerschaft sagte, dass sie mich abtreiben müsse. Sie werde das mit hoher Wahrscheinlichkeit nicht überleben. Auch mein Leben sei in Gefahr und darum sei es besser, diese Schwangerschaft baldmöglichst zu beenden. Dass wir heute gemeinsam hier sitzen, bedeutet, dass sie bereit war, zu sterben, nur damit ich leben konnte. Sie versteht meine Sorge besser als jeder andere, denn sie hat diese Angst, ein Kind zu verlieren, über mehrere Monate mit sich herumgetragen. Voller Bereitschaft, ihr Leben für meines zu geben. Danke, Mami, für diese unendliche Liebe. Ich verstand das lange nicht, lebte so lange im Mangel und glaubte ernsthaft, ich komme zu kurz. Doch die Einzige, die wirklich zu kurz kam, warst und bist du.

Es ist genau dieses Muster, welches ich jetzt bei mir erkenne, von der Mutter an das Kind weitergegeben. Einmal mehr im System weitergereicht, bis es erkannt und gelöst wird. Liegt hier der Schlüssel, den ich für mich suche, verborgen, wurde die Information bereits in der pränatalen Phase auf meiner DNA abgespeichert? Das ist eine Erkenntnis von unsagbarem Wert. Wir unterschätzen diese Prägungen, weil nur selten darüber gesprochen wird. Für mich beginnt der Start ins Leben bei der Zeugung. Es macht einen wesentlichen Unterschied, ob ich aus Liebe gezeugt werde, ein Wunschkind bin, ein Unfall war oder ob ich das Ergebnis einer Vergewaltigung bin. Die Mutter trägt diese Grundenergie in der Schwangerschaft mit sich herum. Das hinterlässt Spuren, es legt die ersten Überzeugungen fest. Das kann ein stabiles Fundament sein, es kann aber auch der Grundstein einer Existenzangst gesetzt werden. Denn wenn ich nicht gewollt bin, wie will ich in der Tiefe darauf vertrauen können, dass meine Existenz nicht in Gefahr ist. Das Urvertrauen wird bereits gebrochen. Auch die pränatale Phase wird massiv unterschätzt, die Gefühle, die Geschichten der Mutter übernimmt das Kind, als wenn du auf dem Computer eine Kopie machst. Diese Prägungen werden im Anschluss verstärkt, weil wir gar keine andere Wahl haben, als zu beobachten und von ihr zu lernen, wie Frauen sein müssen. Das erklärt, weshalb wir oft Dinge tun, von denen wir immer gesagt haben, dass wir es bestimmt anders machen werden. Wenn ein Programm abgespeichert ist, wird es so ablaufen, bis wir die Dynamik dahinter verstehen und es umprogrammieren, wie beim Computer.

Ich halte jetzt also den Schlüssel in der Hand? Ich habe das Muster erkannt, kenne die Prägung, wie schreibe ich das um? Mir ist bewusst, das geht nicht von heute auf morgen. Der erste Schritt ist getan, ich hatte den Mut, hinzuschauen, es zu erkennen und jetzt darf ich ganz bewusst die Gewohnheit in eine neue Form umwandeln. Eine Veränderung, die dem ganzen System dient. Immer wieder aufs Neue, bis das

Alte der Vergangenheit angehört. Es fasziniert mich, ich wollte einfach einen Kaffee trinken gehen mit meinen Eltern und nehme ein riesiges Geschenk mit nach Hause. Endlich ist es möglich, die mir bisher verschlossene Türe zu öffnen. Übung macht den Meister.

Drittes MRI

Heute ist ein nebelverhangener Herbstmorgen. Die Sicht ist getrübt und so auch meine Stimmung. Die Tage sind um einiges kürzer, die Bäume lassen bereits ihre bunten Blätter fallen. Auch wenn diese Jahreszeit ihren Reiz hat, vermisse ich die lauen Sommerabende und die dazugehörige Wärme. MRI Nummer drei steht heute an. Wir können es in im nahegelegenen Röntgeninstitut machen. Der Termin wurde an die Randzeit gelegt, sodass wir unseren Arbeitstag nicht unterbrechen müssen. Wir machen früher Feierabend und ich begleite Severin. Es wird ihm jedes Mal Kontrastmittel gespritzt und dann ist es gut, wenn er nicht mehr Moped fahren muss. Im Wartezimmer sitzt eine Frau, sie hat eine Mütze auf und man sieht ihr deutlich die Strapazen der Chemotherapie an. In solchen Momenten wird es für mich noch anspruchsvoller, positiv zu bleiben. Ich bin dankbar, dass es Severin gut geht, wir wissen jedoch nicht, ob unsere nahe Zukunft so bleiben wird. Solchen Gedanken gebe ich wenig bis fast gar keinen Spielraum. Ich versuche, mich künstlich abzulenken, indem ich eine der bereitliegenden Zeitschriften in die Hände nehme und darin herumblättere, ohne wirklich zu verstehen, was ich da lese. Nebenbei spreche ich mit Severin über seinen Tag. Schon öffnet sich die Tür und Severin wird gebeten mitzugehen. Seine Untersuchung dauert nicht lange und dieses Mal bekommen wir sogar vor Ort eine kurze Bildbesprechung.

Aufregung macht sich breit, während wir warten, was wir dieses Mal zu hören bekommen. Ein Anteil in mir freut sich, dass wir wieder Klarheit bekommen. Es gibt allerdings auch diesen anderen Teil, der kaum hörbar die Frage stellt, was wenn der Tumor gewachsen ist? Die Besprechung der Bilder findet wie in einem kleinen Vorraum statt, Severin und ich stehen und die Ärztin sitzt vor ihrem Computer. Besprechungen sind üblicherweise nicht eingeplant, dennoch nimmt sie sich die Zeit, die Bilder kurz mit uns anzuschauen. Nach einer gefühlten Ewigkeit setzt sie zum Sprechen an. Sie erklärt uns, dass der Tumor auch dieses Mal unverändert ist. Erleichterung und unendlich dankbar über diese gute Nachricht verabschieden wir uns und gehen zum Auto. Natürlich rufe ich Martin noch während des Wegs zum Wagen an. Auch er atmet hörbar auf. Jasmin und Patrice sitzen wie auf Nadeln und deshalb ist es mir sehr wichtig, ebenso sie sofort zu informieren. Das ist einer dieser heiligen Momente, in welchen die Welt für einen Augenblick stehenzubleiben scheint. Alles ist in Ordnung. Doch der Schein trügt ...

Die anfängliche Euphorie legt sich, der Tumor scheint ruhig zu sein. Ruhig, eben ruhig, er steht still, er bewegt sich nicht. Das ist auf der einen Seite ein sehr gutes Zeichen, er gibt uns erneut Zeit. Wenn ich jedoch ehrlich mit mir bin, schleicht sich da das Gefühl ein, dass er sich nach dieser langen Zeit der Behandlung zurückziehen sollte. Ich wäre schon mit einem Minimum des Rückzugs zufrieden, aber es bewegt sich einfach nichts, gar nichts. Ich weiß gerade nicht, ob mich das entmutigt oder ernüchtert, auf alle Fälle bekommt es einen sehr faden Beigeschmack. Noch spreche ich mit niemanden darüber, mir wird jedoch immer mehr bewusst, dass wir viele Antworten gefunden haben, dass wir viel verändert haben, es aber noch nicht ausreicht für die Heilung. Was habe ich übersehen? Keine Bewegung bedeutet Stillstand und so ungern ich das für mich sage, bedeutet es im weitesten Sinne auch Blockade. Wenn etwas blockiert ist und ich kann es nicht selber wieder in Bewegung versetzen, muss ich Hilfe von außen holen. Wenn zum Beispiel mein Auto nicht mehr richtig fährt, gehe ich in die Garage und ich lasse es reparieren. Ist das ein weiteres Zeichen, dass es an der Zeit ist, nochmal zu überprüfen, wie es weitergehen soll? Bedeutet das, dass wir die Operation machen lassen müssen?

Weggabelung

Ich sitze da und blicke auf die Zeit zurück, seit wir die Diagnose bekommen haben. Es sind jetzt zweieinhalb Monate vergangen. In Gedanken vergleiche ich den Weg mit dem Tumor mit einer Wanderung in den Bergen, einmal fühlt es sich sehr ausgeglichen an wie eine Höhenwanderung, dann kommt gelegentlich ein richtiger, steiler Abstieg und ich muss schauen, dass ich nicht falle, achtsam Schritt um Schritt gehe. Es gibt auch Momente, da erlebe ich wahre Höhenflüge. Das sind die Augenblicke, in denen sich Hoffnung ausbreitet und es unvorstellbar ist, dass dieses Glück je wieder getrübt werden kann. Auf jeder Wanderung kommt man an Weggabelungen und muss sich für diese oder jene Richtung entscheiden. Heute stehe ich an so einem Punkt, links der eingeschlagene Weg, rechts der Weg mit der Operation. Es ist Zeit, Bilanz zu ziehen. Was könnte für die Operation sprechen? Ist es möglich, dass es die Operation für die energetische Heilung braucht? Diese Frage stelle ich mir nicht gerne, denn es bedeutet auch, ein weiteres Mal abzutauchen in Gefühle wie Angst, Ohnmacht und Hilflosigkeit. Dennoch entscheide ich mich, genau das zu tun.

Erneut tauche ich in die Zeit mit der Meningokokken-Meningitis ein. Wie durchliefen wir als Familie, systemisch betrachtet, diesen Prozess? Martin arbeitete immer, kam am Abend als meine Ablösung ins Krankenhaus. Wir tauschten sachlich die Fakten aus. Wir funktionierten beide nur, Gefühle bekamen null Spielraum. Die beiden Kleinen wurden von Verwandten betreut. Ich wollte unseren Kindern den Anblick ihres verschlauchten Bruders ersparen. Severin war damals kaum wiedererkennbar aufgedunsen von den vielen Medikamenten, völlig entstellt. Es kostete selbst mich sehr viel Mühe, diesen Anblick zu ertragen. Meine Angst, dass sie diese Bilder traumatisieren könnten, war zu groß. Mein Bewusstsein war noch nicht so erweitert, dass ich erkannt hätte, dass es auch für sie wichtig gewesen wäre, einen Platz in dieser Geschichte und nicht nur am Rande zu bekommen. Ich funktionierte nur noch, sah die zwei täglich immer nur sehr kurz, weil ich den ganzen Tag über auf der Intensivstation am Bett von Severin saß. Den Blick auf mein krankes Kind, die blinkenden Apparate und gelegentlich aus dem Fenster gerichtet. Minute für Minute, Stunde um Stunde, Tag für Tag. Nach Hause ging ich nur noch, um die notwendige Arbeit für das Büro zu erledigen, damit Martin seinen Job weiterhin erledigen konnte. Ich vergaß Jasmin und Patrice bestimmt nicht, ich hätte für sie dasselbe getan, doch in diesem Moment sah ich nur noch Severin und die Krankheit, meine Kräfte waren komplett erschöpft. Martin und ich sprachen über nichts Anderes als alles Organisatorische. Ich erinnere mich, dass ich jeden Abend frisch geduscht und frisiert ins Bett ging, das Telefon griffbereit auf dem Nachttisch, sodass ich jederzeit losfahren könnte, sobald ein Anruf aus der Kinderklinik kommt. Allzeit bereit, so war ebenfalls nicht an den dringend notwendigen, erholsamen Tiefschlaf zu denken. Sechs Tage und sechs Nächte dauerte diese Phase der Krankheit. Am siebten Tag schafften es die Ärzte morgens, Severin aus dem Komma zurückzuholen.

Es war einfach unglaublich, diese Erleichterung, Severin fand den Weg zurück in unser Leben, in unsere Familie. Doch es folgten weitere vier Tage voller Hoffen und Bangen. Interessanterweise stellte ich fest, dass ich zuerst einfach glücklich war, dass er wieder ansprechbar war. Doch je länger er wach war, umso kritischer beobachtete ich, was noch möglich war und wo er Einschränkungen hatte. Wie gewohnt übernahm ich sofort die Kontrolle und verließ das Krankenhaus praktisch nicht mehr. Ich durfte bei ihm im Zimmer schlafen und diese Gelegenheit ließ ich mir keinesfalls entgehen. So sahen mich Patrice und Jasmin noch seltener. Während dieser Zeit durfte Jasmin Severin einmal im Krankenhaus besuchen. Wie ich vorher befürchtet hatte, war sie mit seinem Anblick massiv überfordert und es wurde ihr richtig schlecht. Wir mussten mit ihr lange an die frische Luft und schauen, dass sie ihre Beine hochlegte. Systemisch betrachtet sind das sehr destruktive Zustände ... könnte es sein, dass die Krankenhauserfahrung doch wichtig ist? Wichtig für den Heilprozess der Familie? Ich glaube ja, es ist wichtig, dass alle Kinder ihren Platz bei so einer Geschichte bekommen, nicht nur das erkrankte Kind.

Der gesunde Umgang mit Krankheit und letztendlich dem Tod ist extrem wichtig, wenn wir bewusst leben wollen. In der Beziehung mit meinem Mann gibt es definitiv auch Spielraum, wir sollten diese Herausforderung gemeinsam tragen, darüber sprechen, uns verletzlich zeigen, uns gegenseitig Trost spenden und als Eltern in die volle Verantwortung gehen. Stattdessen sprachen wir damals nur über das Notwendigste und wandten uns voneinander ab. Ich bin sicher, das war einfach unsere Überlebensstrategie. Ich bin mir sicher, wir würden das heute viel besser machen. Mal angenommen, wir würden uns für die Operation entscheiden, was würde es für jeden Einzelnen von uns bedeuten, wo wäre die jeweilige Aufgabe in diesem Prozess? Das ist eine Frage, die ich mir sehr ungern stelle. Mittlerweile weiß ich jedoch, dass genau in den Fragen, die ich mir nicht stellen will, sehr viel Potential liegt. Weshalb also könnte es sein, dass es für Severin wichtig ist, diese Operationserfahrung zu machen? Wie könnte es sein, dass es die Entscheidung zugunsten der Operation braucht? Nach längerem Überlegen bekomme in den zündenden Impuls. Manchmal ist er so unbeschwert unterwegs, dass er die Gefahr nicht sieht. Er probiert sich im Reiten aus, liegt unter die störrischsten Pferde, liebt die Geschwindigkeit, sei es mit dem Motorrad oder auf den Skiern. Da wird mir ab und an schwindelig, wenn ich ihm zuschaue, und ich frage mich dann, ob er glaubt, er sei unsterblich. Ist er sich überhaupt den Wert seines Lebens bewusst? Achtet er es, schützt er seine Gesundheit oder setzt er sie manchmal fahrlässig aufs Spiel? Das könnte der springende Punkt sein. Doch braucht er wirklich so eine Grenzerfahrung für diese Erkenntnis? Wenn ich ihn beobachte, ist er immer noch recht entspannt und manchmal frage ich mich, ob er sich der Tragweite eines Hirntumors bewusst ist. Für Martin und mich wäre die Aufgabe, den Weg gemeinsam zu gehen, uns gegenseitig zu stützen und für Jasmin und Patrice wäre es sehr wichtig, auch ernst genommen zu werden, miteinbezogen zu werden. Wenn ich das so betrachte, scheint mir der Weg der Operation mit einem Mal als sehr sinnvoll. Ich passe einen geeigneten Moment ab, um mit ihm darüber zu sprechen.

Da ich oft schon früh ins Bett gehe, um zu lesen oder zu meditieren, bin ich auch an diesem Abend bereits sehr zeitig dran. Das Ticken meines weißen Weckers durchdringt monoton den Raum, er zeigt gerade acht Uhr an, als ich höre, dass Severin nach Hause kommt. Er öffnet kurz meine Zimmertür und begrüßt mich fröhlich. Ich bitte ihn, nach dem Essen und Duschen kurz zu mir zu kommen, ich würde sehr gerne etwas mit ihm besprechen. Während er sich Zeit lässt und richtet, lese ich in meinem Roman. Ohne wirklich aufzunehmen, was ich lese, denn ich bin ein wenig verunsichert, wie er auf meinen Vorschlag reagieren wird. Als ich beim Abendessen mit Martin sprach, fand er auch, dass es richtig sei, die Möglichkeit der Operation zum jetzigen Zeitpunkt nochmal genauer zu betrachten. Er hat heute einen Auswärtstermin und so beschließe ich, das Gespräch mit Severin alleine zu führen. Nachdem er mir von seinem Tag erzählt hat, frage ich ihn, ob er sich manchmal Gedanken mache, ob es nicht richtig sei, doch zu operieren. Ich erzähle ihm, dass ich mir heute und in den vergangenen Tagen diese Frage öfters gestellt habe und glaube, dass es Zeit sei, nochmal darüber zu sprechen. Ich schlage ihm vor, einen neuen Termin zu vereinbaren bei der Ärztin und danach abzuwägen, wie wir vorgehen sollten. Es soll keine fixe Entscheidung für den Eingriff sein, es ist ein neues Abwägen, ob es nicht doch notwendig ist. Wir werden beide ganz ruhig und nach einer Weile entschließen wir uns, diesen nächsten Schritt zu wagen. So verspreche ich, dass ich mich am kommenden Tag um diesen Anruf kümmern werde.

Das Leben mit der Krise schulmedizinisch und energetisch betrachtet

Anruf in der Höhle des Löwen

In dieser Nacht schlafe ich sehr unruhig, träume viel wirres Zeug und bin sofort hellwach, als Martin kurz vor Mitternacht das Zimmer betritt. Ich zünde die Nachttischlampe an, setze mich hin und beginne ihm von dem Gespräch mit Severin zu erzählen. Auch wenn es schon spät ist, hört er mir aufmerksam zu. Er bestärkt mich, dieses Telefonat zu machen, und wie gesagt, ein Anruf und der Termin sind keine fixe Operationszusage. Im Anschluss an dieses Gespräch finde ich endlich die erhoffte Ruhe und kann einigermaßen ruhig schlafen.

An diesem Morgen wähle ich erneut die Nummer des Krankenhaussekretariats, heute in der festen Absicht, gut mit der Ärztin zusammenzuarbeiten. Das Telefon klingelt nur zweimal und schon meldet sich die bereits bekannte Stimme der Arztgehilfin. Ich frage, ob es möglich sei, kurz mit Ärztin zu sprechen. Sie legt den Anruf in die Warteschlaufe und fragt bei der Ärztin nach. Prompt meldet sich diese persönlich. Ich bin ehrlicherweise sehr erstaunt, dass sie mich tatsächlich mit ihr verbindet. Ich begrüße sie freundlich und frage nach, ob es die Möglichkeit eines Neustarts gebe. Wir seien sehr verunsichert gewesen nach dem ersten Besuch und hätten diese Zeit gebraucht, um uns auf die bevorstehende Operation vorzubereiten. Die Diagnose sei ein Schock gewesen und die Vorstellung, dass unser Sohn nach der Operation diese Behinderung davontrage, sei für uns schlicht undenkbar gewesen. Wir seien jetzt bereit, die anstehenden Untersuchungen zu machen und das weitere Vorgehen zu besprechen. Die Ärztin überlegt kurz und antwortet mir, dass sie nicht mehr bereit sei, Severin zu operieren. Die Sekretärin werde mir aber gerne einen neuen Termin bei einem ihrer Kollegen anbieten.

Damit habe ich nicht gerechnet, sie wird die Operation nicht mehr durchführen? Ich schlucke leer, und schon distanziere ich mich innerlich einmal mehr von ihr und verabschiede mich. Sie verbindet mich erneut mit dem Sekretariat. Die Ärztin hat mein Anliegen bereits im Sekretariat angekündigt. Die Arztgehilfin gibt sich Mühe, die Ablehnung mir gegenüber zurückzuhalten, doch es ist, als wenn es das ganze Telefonat umhüllt, spürbar. Auf meine Frage nach einem Termin bei einem anderen Arzt bekomme ich die Antwort, dass es frühestens in sechs Wochen einen freien Termin für uns gebe.

Ich bin erstaunt, zuerst heißt es, wir müssen spätestens in einem Monat operieren, jetzt, zweieinhalb Monate, später rufe ich für einen Termin an und wir müssen sechs Wochen auf den nächsten Besprechungstermin warten. Ohne zu überlegen, einfach aus einem Bauchgefühl heraus sage ich: »Herzlichen Dank für Ihr freundliches Angebot, ich glaube jedoch, dies scheint wirklich nicht die richtige Klinik für uns zu sein. Ich wünsche Ihnen alles Gute, wünsche noch einen schönen Tag.« Danach lege ich entschlossen den Hörer auf. Ich bin gerade fassungslos, ist das echt passiert? Was soll ich jetzt tun? Leichte Panik steigt in mir auf. Ich merke, wie mein Atem oberflächlich wird, wie sich mein Brustraum einengt und der Nacken anspannt. Sofort konzentriere ich mich auf eine tiefe Bauchatmung. Kopfschüttelnd erinnere ich mich an alle Begegnungen mit diesem Krankenhaus, und schon wechseln die Empörung und die Angst in Dankbarkeit. Alle Zeichen haben mir immer wieder aufgezeigt, dass es nicht die richtige Klinik ist, dennoch haben wir uns erneut auf sie eingelassen. Ich kann froh sein, dass die Absage vonseiten der Klinik kam, denn mit all diesen Vorzeichen könnte sogar ein Blinder erkennen, dass es nicht zusammenpasst. Es ist Zeit, dieses Kapitel zuzuschlagen und mich auf die Suche nach dem richtigen Arzt zu machen.

Ich beginne im Internet zu recherchieren, unser Hausarzt sprach sich eindeutig für diese Spezialklinik aus. Ich weiß auch da, rein intuitiv, dass ich ihn nicht um Hilfe bitten muss. Denn ich glaube, die Entscheidung, die Klinik zu wechseln, würde er nicht verstehen. Um Gottes Willen, wie finde ich nun den passenden Arzt, es ist wie die berühmte Suche nach der Nadel im Heuhaufen? So gehe ich in mich, schließe meine Augen und sage laut zu mir, zu meinem Computer oder wem auch immer: »Der Arzt, der der Richtige ist, der hat Zeit und gibt mir baldmöglichst einen Termin.« Schwankend zwischen Angst und Hoffnung beginne ich mit dieser Haltung, Nummer um Nummer durchzutelefonieren, Neurochirurg um Neurochirurg. Ich finde eine Privatklinik in Luzern, die vielversprechend klingt, aber da ist es kompliziert, weil Severin nur allgemein krankenversichert ist. Wir müssten einen großen Teil der Kosten selber tragen. Sie schlagen mir vor, weiterzusuchen und nochmal anzurufen, wenn ich nichts Passendes finde. Das gleiche bekomme ich von der Spezialklinik in Zürich zu hören. Im Krankenhaus St. Gallen sagt mir die Sekretärin: »Wir haben alle Termine belegt, doch ich schiebe diesen Freitagmittag einen zusätzlichen Besprechungstermin für Sie ein. Bitte nehmen Sie die Bilder mit und wir schauen, was wir für Sie und ihren Sohn machen können.« Zack, da ist es, eine ganz andere Energie. Ich habe ihr vorausschauend erzählt, wie wir mit der Diagnose umgehen, und das scheint hier niemanden zu stören. Es ist Mittwochmittag und wir können in zwei Tagen zur Besprechung, bekommen einen Termin, obwohl es gar keinen gibt, das fühlt sich richtig gut an. Hier fühlt es sich stimmig an, als wenn es um uns geht und nicht nur um diese Operation. Lassen wir uns überraschen.

Vielversprechender Arztbesuch

Die Entscheidung, den Arzt aufzusuchen, bedeutet nicht, dass wir uns vom Energieweg entfernen. Ganz im Gegenteil, der Energieweg hat uns zu diesem Arzt geführt. Also ist einer der ersten Schritte sicherlich, dass auch Martin mit in die Untersuchung kommt. So fahren wir an diesem Freitag das erste Mal zu dritt nach St. Gallen. Der Zeitplan ist für Martin eng, doch wenn einem etwas wirklich wichtig ist, kann man es einrichten. Tatsächlich fühlt es sich für mich auch leichter an, wenn Martin dabei ist. Wir suchen das Haus vier im Krankenhaus und versuchen, uns in diesem großen Komplex irgendwie zu orientieren. Verschiedene Häuser, verschiedene Eingänge, Notfall, Praxen, Krankenhausabteilungen, Restaurant, Parkanlage, wie sollen wir uns hier zurechtfinden? Haus vier soll das Hochhaus sein, dieser Anhaltspunkt hilft uns schließlich, den Überblick zu behalten. Ein eher nüchterner Eingangsbereich, welcher durch einen Warteraum zum Lift führt. Die Bedienung des Lifts ist gewöhnungsbedürftig. Wir müssen an einem separaten Computer die Etage, bei uns die Neunzehn, eingeben und es wird angezeigt, welcher Lift für uns bestimmt ist. Lift A soll es heute sein. So warten wir, bis das Klingeln des Lifts ertönt, und steigen ein. Ein relativ enger Lift, die Bettenlifte liegen gegenüber und dürfen von Besuchern nicht genutzt werden. Geschafft, wir haben die neunzehnte Etage erreicht. Die weißen Linien am Boden weisen uns den Weg zum Wartebereich. Martin und Severin nehmen Platz, doch bevor ich mich zu ihnen setze, melde ich uns an. Severin schaut ins Handy, Martin hat sich die Tageszeitung und eine Frauenzeitschrift geschnappt. In diesem Wartebereich sitzen Menschen, denen man die bereits durchgeführten Operationen deutlich ansieht. Es sind nicht nur schöne Bilder, ein junger Mann hat quer über der Stirn eine riesige Narbe, sie deutet daraufhin, dass die ganze Schädeldecke geöffnet werden musste. Eine Frau, ich schätze Mitte vierzig, hat eine faustgroße Einbuchtung auf der linken Schädelseite. Hier erzählt das Leben von den verschiedenen tragischen Schicksalen der Menschen. Das stimmt mich nachdenklich und ich frage mich, sah man diesen Menschen vor der Operation auch nichts an? Wie wird Severin nach einer möglichen Operation aussehen …?

Was mir jedoch sehr positiv auffällt, sind die Freundlichkeit und Empathie, die sich trotz allem in diesem Raum ausbreiten. Hier ist alles in Grün gehalten, es gibt große Pflanzen und der Raum ist sehr hell, da er seitlich offen ist. Auf dem Tisch liegen viele farbige Broschüren, Klatschhefte und sogar Rätselhefte. Pünktlich zur vereinbarten Zeit werden wir von einer sehr freundlichen Arztgehilfin aufgerufen. Sie trägt einen sehr auffälligen, scheinbar wertvollen Ehering. Ein richtiger Klunker von einem Edelstein, mir kommt der Gedanke, ob sie wohl einen Arzt als Mann habe. Auch äußerlich hat sie ein sehr gepflegtes Erscheinungsbild. Sie führt uns in ein den Umständen entsprechendes freundliches Zimmer, uns werden braune Schwingstühle angeboten und schon sitzen wir alleine vor dem großen schweren Holztisch im Raum. Wir haben kaum Zeit, uns umzuschauen, da wird schon die Tür von einem stattlichen Mann geöffnet. Er stellt sich uns als den behandelnden Arzt vor. Danach fragt er interessiert nach unserem Anliegen und ich übergebe ihm die mitgebrachten Bilder. Er nimmt sich viel Zeit für das genaue Betrachten und Auswerten. Nach einer gefühlten Ewigkeit dreht er den Kugelschreiber in seinen Fingern und blickt dann zu uns auf. Er erklärt uns sehr mitfühlsam und trotzdem klar, was ihm die Bilder aufzeigen, und dass er es als richtig und wichtig empfinde, diesen Tumor zu entfernen. Was mir jedoch am meisten Eindruck macht, ist seine Aussage: »Ich bin nicht der richtige Arzt für diesen Eingriff, ich weiß aber, wer der Richtige ist. Ja, ich könnte diese Operation durchführen, ich möchte ihnen jedoch meinen früheren Lehrling wärmstens empfehlen. Er war für zwei Jahre im Ausland und er hat Tag für Tag Köpfe geöffnet und operiert, er ist da so zu Hause, dass er genau weiß, was er tut. Er ist inzwischen so auf Hirntumoroperationen spezialisiert, dass ich meinen Kopf oder den Kopf meines Sohnes nur ihm anvertrauen würde.« Dabei wirft er, kaum merkbar, einen kurzen Blick auf das Familienfoto, welches auf seinem Schreibtisch steht. Das überzeugt mich sehr und was mich besonders fasziniert, ist die Aussage »ich weiß, wer der Richtige ist». Das war doch der Auftrag an meinen Computer, zeig mir, wer der richtige Arzt ist. Das kann kein Zufall sein, ich bin mir sicher: Hier sind wir genau richtig. Auch Severin und Martin scheinen von diesem Arzt angetan und so ist es ein Leichtes, uns hier auf die Vorbereitungen zur Operation einzulassen.

Er sagt zu uns: »Ich rate ihnen sehr, jetzt nichts zu überstürzen, wir können dank den mehrfachen Bildgebungen davon ausgehen, dass wir es mit einem langsam wachsenden Tumor zu tun haben. Ihr habt euch bis jetzt Zeit gelassen mit der Operation, es wäre wichtig, dass wir uns nun auch die notwendige Zeit nehmen, um alles in Ruhe vorzubereiten.« Er verspricht uns, alles Notwendige zu veranlassen. Der Spezialist ist noch im Urlaub. Er kommt am Montag zurück und wir werden telefonisch über den neuen Termin, welcher direkt bei ihm sein wird, informiert werden. Wir verabschieden uns mit dem Gefühl der Hoffnung und Dankbarkeit. Dieser Arztbesuch hat alle unsere Erwartungen übertroffen. Wir haben Vertrauen, dass es jetzt mit der Operation gut ausgeht. Es scheint mir fast unglaublich, dass es möglich ist, eine solch gegensätzliche Erfahrung zu machen bei ein und demselben Krankheitsanliegen. Heute habe ich gelernt, dass ich den Arzt dringend wechseln muss, wenn es sich nicht hundertprozentig stimmig anfühlt. Spezialklinik hin oder her. Martin, Severin und ich verlassen die Praxis und das Krankenhaus mit einem Gefühl des Vertrauens. Jetzt sind wir endlich alle bereit, der Operation zuzustimmen.

Fünfundzwanzig Minuten später öffne ich daheim die Haustür und mein Telefon beginnt zu klingeln. Eine Rufnummer aus St. Gallen, wer ist das wohl? Unglaublich, es ist schon der erwartete Anruf vom Krankenhaus, die Arztsekretärin meldet sich mit der sehr guten Nachricht, dass sie mit dem Spezialarzt telefoniert hätte und er wolle Severin bereits am darauffolgen Mittwochmittag untersuchen und das weitere Vorgehen mit uns besprechen. Auf einmal scheint alles wie von alleine zu klappen. Unser Widerstand gegen den Eingriff legt sich und wandelt sich in Hoffnung um. Endlich beginnt es zu fließen ...

Gut vorbereitet ist schon halb gewonnen

An diesem Wochenende ist alles ein bisschen anders. Aufregung liegt in der Luft. Ich bin echt froh, dass sich jetzt ein Weg aufzeigt, der für uns alle annehmbar ist. Was echt beeindruckend für mich ist, dass es sich hier einfach richtig anfühlt, wir stellen es nicht mehr in Frage. Irgendetwas scheint uns sehr zu beruhigen, auch wenn ich zurzeit nicht genau sagen kann, was es ist. Ich glaube, wir fühlen uns ernst genommen und dass der Arzt sich selbst und seinen Sohn von dem von ihm empfohlenen Spezialisten operieren ließe, scheint ein sehr überzeugendes Argument zu sein.

Es ist Mittwoch, Martin, Severin und ich fahren also erneut nach St. Gallen ins Krankenhaus. Heute ist es uns schon vertrauter, zielstrebig begeben wir uns direkt ins Wartezimmer. Es ist halb eins, dieser Termin wurde extra für uns eingeschoben, deshalb steht uns der ganze Wartebereich zur Verfügung. Ich melde uns noch kurz im Sekretariat an und wir setzen uns hin. Heute lesen wir nicht, wir schauen uns um und sind zuversichtlich. Es fehlt nur ein kurzer Moment, bis wir dem Mann begegnen, dem wir das Schicksal unseres Sohnes höchstwahrscheinlich anvertrauen. Mehrere Ärzte laufen an uns vorbei. Ein ums andere Mal frage ich mich, ob das jetzt wohl unser Arzt ist. Ein junger gut aussehender Arzt kommt auf uns zu, ich schätze ihn auf Mitte dreißig. Er bittet uns, ihm ins Behandlungszimmer zu folgen. Wir setzen uns alle vier fast gleichzeitig. Auf dem Bildschirm des Computers sind die Bilder vom Tumor zu sehen. Es ist erkennbar, dass der Arzt gut vorbereitet ist, auch er möchte von uns nochmal genau wissen, was unser Anliegen, unsere Fragen und Ängste sind. Er hat eine sehr freundliche, verständnisvolle Art und er schafft es, uns die Notwendigkeit der Operation zu erklären, ohne uns dabei zu verunsichern. Es kommt nichts von Job aufgeben und mehreren Monaten Reha, er setzt den Fokus ganz anders. Es werde mehrere Untersuchungen benötigen, EEG, MRI und neuropsychologische Testungen, damit er konkret wisse, welche Funktionen des Gehirns in welchem Teil Severins wie angelegt seien. Diese Ergebnisse seien sehr wichtig für die Operation, es könne vorkommen, dass es Abweichungen zur Norm gebe. Wenn man dieses Wissen nicht beachte, könne es bei der Operation zu Komplikationen und schlimmstenfalls zu Folgeschäden kommen, welche verhinderbar seien. Das klingt sehr professionell und vertrauenserweckend. Er verspricht uns, telefonisch für alle unsere Fragen da zu sein. Auch hier frage ich Severin vor dem Arzt, ob er damit einverstanden ist. Ja, er ist einverstanden und Martin und ich ebenfalls. So bitten wir den Arzt, alles vorzubereiten, die Termine anzusetzen. Bei der Verabschiedung treffen sich unsere Blicke für einen kurzen Moment und ich weiß einfach, ihm kann ich vertrauen. Jawohl, er darf unseren Sohn operieren.

Seit der Besprechung ist eine Woche vergangen. Heute stehen EEG und MRI-Untersuchungen auf dem Programm sowie die neurologische Untersuchung. Wie versprochen begleite ich Severin zu all diesen Terminen. Sie starten mit dem MRI, Severin kennt sich da mittlerweile sehr gut aus. Sie spritzen ihm wie gewohnt das Kontrastmittel und bereiten ihn für die Untersuchung vor. Direkt im Anschluss wird er zum EEG gebracht. Hier darf ich dabei sein. Ich habe noch nie bei einem EEG zugeschaut und es interessiert mich sehr, was sie genau machen. Diese Untersuchungsmethode ist eine Messung der elektrischen Aktivität der Hirnrinde. Diese Hirnstrommessung hilft beim Diagnostizieren von Epilepsie und gibt Rückschlüsse auf viele weitere Krankheiten. Sie setzen alles ein, was einen epileptischen Anfall auslösen könnte, und überprüfen die Reaktion des Gehirns. Auf diese Untersuchung folgt auch gleich schon die neurologische. Was mir besonders gut gefällt, ist, dass der Neurologe die Untersuchungsergebnisse umgehend mit uns bespricht. Es sieht gut aus, nichts Auffälliges. Das ist sehr beruhigend, bestärkt durch diese weiteren positiven Erkenntnisse treten wir den Heimweg an. Auf der Autofahrt sprechen wir über die vorangegangenen Untersuchungen. Ich frage Severin, wie es ist, wenn man ganz verkabelt am Kopf und vom Computer überprüft dasitzen muss. Ich weiß nicht, woher dieser junge Mann die Ruhe hat. Er findet es nicht einmal sonderlich speziell, es schmerzt nicht, und auch sonst ist es für ihn eine Untersuchung wie jede andere. Lediglich die Rückstände der Salzpaste in seinem Haar empfindet er als unangenehm. Sie wird auf die Elektroden aufgetragen, dient der besseren Leitfähigkeit, weil sie die abgeleiteten Hirnströme verstärkt. Kurz stelle ich mir die Frage, ob es ihm gleichgültig ist, doch ich weiß, das stimmt nicht. Es ist Gelassenheit, eine Gabe, die ich mir definitiv noch aneignen darf. Ich bin sehr dankbar für die Größe, die unser Sohn heute wieder an den Tag legt.

Zwei Tage später sitzen wir erneut im Wagen. Ich lenke ihn nun bereits zum dritten Mal in einer Woche in Richtung St. Gallen. Heute stehen die neuropsychologischen Untersuchungen an. Die Parkplatzsituation im Krankenhausareal empfinde ich als sehr suboptimal. Auch heute kurve ich einmal mehr geduldig durch das ganze Areal und hoffe, dass irgendein Besucher oder Patient seinen Parkplatz für uns freigibt. Nach der zweiten Ehrenrunde wird tatsächlich eine Parklücke frei. Einparken, Ticket lösen und schon beginnt die große Suche nach dem Standort der Neuropsychologie. Anders als erwartet ist er in einem der Nebengebäude zu finden. Wie immer sind wir sehr früh da. Der Kaffeeautomat im Gang lädt uns ein, die Zeit mit einem feinen Getränk zu verkürzen. Für mich wähle ich einen Cappuccino, Severin hat gerade Lust auf heiße Schokolade. Ihm mundet der Automatenkaffee nicht sonderlich. Severin wird zur Vorbesprechung abgeholt, da darf ich noch dabei sein, danach muss er verschiedene Tests am Computer ausfüllen. Ich setze mich wieder ins Wartezimmer und lese in meinem mitgebrachten Roman. Zurzeit funktioniert keine anspruchsvolle Lektüre, da ich mich nicht darauf einlassen kann. Aber zur Ablenkung reicht der Roman vollumfänglich aus. Zwischenzeitlich krame ich ein weiteres Mal Kleingeld aus meinem Portemonnaie, bewege mich erneut auf den Kaffeeautomaten zu, um mir einen zweiten Cappuccino zu genehmigen. Die Zeit vergeht langsam, doch das Warten hat ein Ende, als sich die Tür öffnet und Severin zurück in den Warteraum kommt. Er setzt sich erneut zu mir, da wir gerade auf die Testergebnisse warten können. Mir ist klar, dass der Computer die Auswertung sofort bereitstellt und trotzdem staune ich, dass wir auch hier gleich im Anschluss die Besprechung haben. Diese Ergebnisse sind höchst interessant und was mich richtig in Euphorie versetzt, ist die Tatsache, dass Severins Sprachanteil links und rechts angelegt ist. Das ist normalerweise nicht so. Dieses Wissen beruhigt ein weiteres Mal, weil genau das Sprachzentrum bei diesem Eingriff am meisten gefährdet ist. Der Neurologe sagt, dass es für ihn nur eine Erklärung dafür gebe. Severins Gehirn müsse bei der Meningokokkenmeningitis diese Funktion neu angelegt haben. Das Gehirn funktioniere so, dass es selber kompensiere und neue Verknüpfungen erstelle, wenn ein Teil nicht mehr funktioniere. Das sind richtig gute Nachrichten. Was bedeutet das konkret? Es heißt, dass der Eingriff ein weiteres Stück an Bedrohung verliert. Es ist vergleichbar mit einem Auto, welches mit Automatikgetriebe fährt, im Notfall kann ich immer noch umstellen auf die Gangschaltung. Nicht optimal für immer, jedoch ermöglicht es mir trotzdem, vorwärtszukommen. Erneut keimt Hoffnung in uns auf, dass alles gut ausgehen kann.

Der Grundstein ist gelegt, ein solides Fundament gebaut. Heute haben wir den zweiten Termin bei Spezialisten. Er hat alle Untersuchungsergebnisse vorliegen und will sie mit uns nachbesprechen. Er ist sehr zufrieden, gibt uns Raum für alle Fragen, die wir noch haben. Ich will wissen, wie lange der Eingriff dauere, wie lange Severin voraussichtlich im Krankenhaus bleiben müsse. Er erklärt mir, dass er nicht sagen könne, wie lange der Eingriff dauere, er erklärt uns, dass eine geraume Zeit allein für die exakte Lagerung und die Fixierung des Kopfes benötigt würde. Die allerkleinste Bewegung hätte unverzeihliche Folgen. Auch da arbeiteten sie sehr gewissenhaft und kontrolliert. Die Vorstellung, dass Severin auf dem Operationstisch festgeschnallt wird, gefällt mir überhaupt nicht, doch für mich ist diese Dringlichkeit absolut nachvollziehbar. Die Operation benötige so viel Zeit, wie sie benötige, er werde alles daransetzen, genau und sauber arbeiten zu können, da habe der Zeitplan keine Priorität, es zähle jeder einzelne Moment und die volle Konzentration. Auch das ist für uns eine sehr wertvolle Antwort. Die Dauer des Krankenhausaufenthaltes hänge vom Erfolg des Eingriffes ab und vom Befinden des Patienten.

Auf die Frage, ob wir bereit für die Operation seien, antworten wir schließlich mit Ja. Er gibt uns den Operationstermin und legt ihn auf Donnerstag, den achten Dezember, ganz früh am Morgen, der erste Eingriff dieses Tages. Das bedeute, dass Severin am Mittwoch, den siebten Dezember ins Krankenhaus eintreten müsse. Es wird endgültig und fühlt sich immer noch richtig an. Wir verabschieden uns und gehen schweigend zum Wagen. Die Entscheidung ist gefallen, der Termin steht, jetzt wird es konkret. Das Krankenhaus hat alle Vorbereitungen getroffen, nun ist es an der Zeit, unsere Vorkehrungen zu treffen. Der Familie, den Freunden, den Großeltern, dem Arbeitgeber Severins die ganzen Informationen weitergeben, meine Kundentermine vor- oder nach hinten legen, Pyjamas kaufen, Severin schläft zu Hause immer im T-Shirt, Necessaire richten, Sudokublock kaufen etc.

Der Countdown läuft

Die ganze Familie bereitet sich auf diesen Tag vor. Martin und ich organisieren im Betrieb alles so, dass es auch ohne mich läuft. Ich setze für meine Schichten Aushilfen ein, damit ich flexibel bin in der Zeiteinteilung. Ich bereite das Büro so vor, dass ich es auf das Minimum reduzieren kann. Mir ist die Adventsdekoration immer sehr wichtig, doch dieses Jahr bekommt sie noch mehr Bedeutung. Ich kaufe bei Jasmin einen riesigen Adventskranz und dekoriere besonders liebevoll. Die Umgebung soll viel Liebe und Geborgenheit ausstrahlen, denn das unterstützt uns alle, ohne dass man es bemerkt.

Es ist Freitag und an diesem Abend kommt Jasmin weinend von der Arbeit nach Hause. Sie arbeitet ja als Floristin, bei ihr ist in dieser Zeit richtig viel los. Hochsaison, alle wollen Adventsdekoration kaufen, eine Adventsausstellung, Überstunden sind an der Tagesordnung. Selbst am Tag der Gewerbeschule wird am Abend noch bis in die Nacht im Betrieb gearbeitet. Ausnahmslos wird der volle Einsatz des ganzen Teams erwartet. Heute hat Jasmin ihrer Chefin von der bevorstehenden Operation erzählt und darum gebeten, dass sie am Operationstag gerne frei hätte und ob sie Severin einmal im Krankenhaus besuchen dürfe. Im Geschäft haben sie wenig Verständnis dafür gezeigt und nur gefragt, ob ihr das wirklich so wichtig sei. Jasmin erzählt, dass sie am Nachmittag mit der anderen Lehrtochter darüber gesprochen habe und dass beide völlig übermüdet seien. Jasmin habe zu ihr gesagt, am liebsten würde sie sich ein Bein brechen, dann hätte sie Zeit, um bei Severin zu sein, und müsse auch nicht schuften bis zum Umfallen. Ich beruhige Jasmin und verspreche ihr, dass sie auf alle Fälle die Möglichkeit bekommen wird, Severin zu besuchen. Notfalls werden wir beim Arzt ein Attest holen, ich werde ihr auf jeden Fall helfen, dass sie mit ins Krankenhaus fahren könne.

Patrice geht weiter zur Schule, er lässt sich nicht viel anmerken. Das bedeutet aber nicht, dass es ihn nicht berührt. Es ist Montagnachmittag, er kommt gerade nach Hause, geht in die Küche und bereitet sich ein Sandwich zu. Da klingelt sein Handy. Kaum hat er sich gemeldet, da wird mir klar, der Anrufer ist der Lehrlingschef des Betriebs, in dem sich Patrice für die Informatikerlehrstelle beworben hat. Es ist herrlich zu beobachten, wie er sich sofort nur noch auf den Anruf konzentriert. Gleichzeitig blicke ich sehr fragend zu ihm. Ich würde mich so freuen, wenn es mit der Stelle klappen würde. Er hat einen richtigen Bewerbungsmarathon durchlaufen müssen und ich bin unglaublich stolz, wie er das in der jetzigen Situation bravourös gemeistert hat. Schon während des Anrufs wird mir klar, dass es sehr gut aussieht. Er legt den Hörer auf und teilt mir freudig mit, dass er die Lehrstelle bekommen hat. Wow, was für eine Erleichterung. So nah liegen Freud und Leid. In diesem Moment überwiegt die Freude.

In diesen Tagen fühle ich mich wie ein Bogen, mal angespannt und im Rückzug, dann wieder voll motiviert, entspannt und bereit, vorwärtszugehen.

Mut tut gut

Heute ist es so weit, es ist Mittwoch, der siebte Dezember, der Koffer ist gepackt und wir sind bereit. An diesem Tag koche ich Käseknöpfli, Braten, Karotten und Nüsslisalat mit gehacktem Ei. Das mag Severin besonders gern. Nach der Operation wird ihm das Kauen eine Weile Mühe bereiten, deshalb soll es ihm heute noch besonders gut schmecken. Beim Mittagstisch liegt Anspannung in der Luft, auch wenn alle sehr bemüht sind, sich diese nicht anmerken zu lassen. Doch die Speisereste sprechen eine eigene Sprache. Alle verabschieden sich von Severin und wünschen ihm eine gute Operation. Sie versprechen ganz fest, an ihn zu denken, umarmen ihn und gehen dann zur Arbeit oder zur Schule. Martin geht heute auch arbeiten, Mittwochnachmittag wäre für ihn der Nachmittag, an dem er sich ein paar Stunden Auszeit gönnt. Ich habe ihn jedoch gebeten, dass er am Donnerstagmorgen zu Hause bleibt, weil ich nicht alleine sein möchte, während Severin operiert wird. Deshalb wird er heute alles vorbereiten, was irgendwie möglich ist. Das bedeutet, dass ich mit Severin alleine in das Krankenhaus fahre.

Wir verlassen das Haus, schließen die Haustür zu und legen den Koffer in den Kofferraum. Heute fühlt es sich definitiv anders an als sonst. Wir steigen schweigend ins Auto, ich starte den Wagen und schon geht die Fahrt erneut in Richtung St. Gallen. Es gibt einfach einen Unterschied zu den letzten Malen, heute werde ich nämlich das erste Mal alleine nach Hause zurückfahren. Wir hören Radio, ich frage nach, ob wir echt alles hätten. Nebst belanglosem Gequatsche hat zwischenzeitlich die Frage nach Severins Befinden Platz. Er ist einfach unglaublich, er geht diesen Weg voller Hoffnung und ich bin unendlich dankbar, dass dieser junge Mann so stark ist. Heute versuche ich, einen Parkplatz im Parkhaus zu ergattern, denn ich stelle mich auf einen längeren Aufenthalt ein. Prompt scheint es dieses Mal ein Leichtes zu sein, eine freie Parklücke zu finden. Ich kann aussuchen und wähle natürlich einen Parkplatz nahe beim Lift.

Nun ist es so weit, wir sind da. Wir steigen aus dem Wagen, nehmen den Koffer und begeben uns zum Lift. Dieser Lift ist etwas veraltet, was ihn jedoch nicht davon abhält, uns wohlbehalten ins Krankenhausgelände zu transportieren. Das Wetter scheint es gut mit uns zu meinen, es ist trocken und so ist es ein Leichtes, den Koffer nachzuziehen. Mittlerweile kennen wir den Weg ins Haus vier sehr genau. So bewegen wir uns in Richtung des Aufzugs, wählen das Stockwerk und melden unser Kommen an. Wir werden bereits erwartet, eine sehr freundliche Krankenschwester, sie wirkt noch sehr jung, hat dunkelbraune Augen und rehbraunes langes Haar, welches sie zu einem Knoten zusammengebunden trägt, zeigt uns das Zimmer. Es ist ein Zweibettzimmer, welches Severin alleine nutzen kann. Das schätze ich sehr, so können wir uns einfach auf uns konzentrieren. Ein zweiter Patient und seine Besucher wären in dieser Situation herausfordernd für mich gewesen. Ich räume die Kleider in den Schrank und Severin richtet sich das Kästchen neben dem Bett so ein, dass er alles in der Nähe hat, was er für sich braucht. Wir müssen nochmals zurück zum Eingang, dort steht der Automat für die Telefone und Fernsehkarten. Ein Telefon benötigt er nicht, er hat ja sein Handy, die Fernsehkarte hingegen betrachten wir beide als sehr wichtig. Ich lade ein Guthaben darauf und schon sind wir wieder auf dem Rückweg ins Zimmer. Während wir uns in den Gängen des Krankenhauses bewegen, finde ich es nochmal sehr interessant, dass wir uns gegen die Spezialklinik und für das ganz normale Krankenhaus entschieden haben. Entgegen aller Empfehlungen, doch hier stimmt für uns einfach alles. Vertraue Sonja, alles ist gut. Die Zeit schleicht sich dahin, damit wir das nicht merken, spielen wir »Skip-Bo«. Das ist ein einfaches Kartenspiel, welches wir genau für solche Momente mitgenommen haben. Der Narkosearzt kommt vorbei und will mit Severin die Narkose vorbesprechen. Er gibt sich sehr viel Mühe, erklärt alles sehr ausführlich und fragt nach, ob wir noch Fragen haben. Die haben wir nicht, ich unterzeichne die notwendigen Papiere und schon verabschiedet er sich von uns. Ich hole mir Kaffee vom Automaten und für Severin eine heiße Schokolade. Beide nehmen wir unser Handy und schauen ein wenig darin herum. Die Schwester hat uns mitgeteilt, dass der operierende Arzt bald noch vorbeischauen wird. Er will mit uns die letzten Details besprechen.

Gerade als wir unsere Becher leer getrunken haben, öffnet sich die Türe und der Arzt betritt das Zimmer. Er bleibt vor dem Bett stehen und begrüßt uns sehr freundlich. Er hat bestimmt einen eng gestrickten Zeitplan, doch das lässt er uns nicht spüren. Er scheint die Ruhe in Person zu sein, lächelt uns an und fragt erst einmal, ob wir bereit seien. Er setzt sich an den Tisch und fragt, ob wir uns bitte auch setzen könnten, um nochmal alles durchzusprechen. Da sitzen wir nun bei der finalen Besprechung. Er gibt sich Mühe, erklärt uns den vorgesehenen Ablauf für den kommenden Morgen. Ich frage, auf welches Bild wir uns vorbereiten müssten. Wo die Narbe sein werde, nicht dass ich den Schock meines Lebens hätte, wenn ich Severin nach der Operation das erste Mal sähe. Er erklärt uns, dass sie die Haare großflächig rasieren müssten, dass Severin fixiert werden müsse, damit er sich ja nicht bewege, er müsse ihm den Schädel öffnen und ein fünf Franken großes Loch in der Schädeldeckel machen, welches er im Anschluss wieder sauber verschließe. Anfangs sei es schon eine Herausforderung, das Kind so zu sehen, doch wenn die Haare wieder nachgewachsen seien, sehe man nicht mehr viel von dem Eingriff.

Er sagt, er müsse noch etwas betreffend des Risikos mit uns besprechen. Severin und ich haben im Vorfeld schon beschlossen, dass wir das nicht wissen wollen. So sage ich, dass es für uns so stimme und dass wir keine weiteren Informationen mehr haben wollten. Er erklärt mir, dass das nicht gehe, er sei verpflichtet, mit uns darüber zu sprechen. Ich erkläre ihm, dass wir uns bewusst seien, was alles passieren könne. Des Weiteren erkläre ich ihm, dass Severin ein sehr gefährliches Leben lebe. Er liege täglich unter Pferden, oft unter sehr wilden, er reite, fahre Motorrad und liebe das Risiko auf der Skipiste. Es sei uns bewusst, dass es morgen noch gefährlicher sei, doch wir vertrauten in seine Arbeit und wüssten, dass er mit bestem Wissen und Gewissen alles gebe, was in seiner Macht stehe. Ich bitte ihn einfach, jetzt still zu sein, er könne mir die Papiere vorlegen und ich unterschriebe alles. Ich blicke Severin in die Augen und er nickt mir bestätigend zu. Der Arzt sieht uns an und überlegt, bis ich erneut betone, es sei in Ordnung so. »Bitte, machen Sie einfach Ihren bestmöglichen Job.« Was ich noch brauche, ist das Versprechen, dass er sich direkt nach der Operation telefonisch bei mir melde. Severin ist zufrieden und benötigt keine weiteren Informationen mehr. So verspricht mir der Arzt, gut auf Severin aufzupassen, er verabschiedet sich und er wünscht uns eine ruhige Nacht.

Severin setzt sich wieder ins Bett, ich bleibe noch ein wenig bei ihm. Ich möchte nicht, dass er jetzt alleine sein muss, und ganz ehrlich fällt es mir unsagbar schwer, nach Hause zu gehen. Als ich mich dazu entschließe, öffnet sich die Tür erneut. Ein Pfleger tritt ein und kündigt an, dass sich Severin bitte vorbereiten solle, er müsse noch eine neue Bildgebung machen. Das heißt, dass ein weiteres MRI gemacht werden muss. Der Pfleger sagt, er werde ihn in zehn Minuten holen. Ich sage zu Severin, dass mich das verunsichert, weshalb bräuchten sie nochmal eine Bildgebung, es sei doch eben im Gespräch alles klar gewesen. Severin schaut mich fragend an und sagt: »Aber Mami, wenn ich ein Foto mache und das Bild ist nicht scharf, dann mache ich doch auch ein Neues.« Jetzt ist mir definitiv klar, dass es Zeit ist für mich, zu gehen. Es kann nicht sein, dass er mich stärken muss in dieser Situation. Ich lächle ihm zu und sage: »Natürlich hast du recht, dass ich da nicht von alleine draufgekommen bin.« Jetzt ist er da, der Moment, die letzte Begegnung vor der Operation, wenn ich da rausgehe, wird es nur noch den Moment der Begegnung nach der Operation geben. Unbewusst hält mich das zurück wie eine unsichtbare Kette. Dennoch nehme ich allen Mut zusammen und wünsche ihm viel Glück, ich nehme ihn nochmal in die Arme und drücke ihn fest, verspreche, am Morgen in aller Frühe kurz anzurufen. Ich laufe zur Tür, drehe mich erneut kurz um und sage ihm, wie sehr ich ihn lieb habe. Ich öffne die Türe und gehe Schritt um Schritt in Richtung des Wagens. Bevor ich abfahre, rufe ich Martin an, ich erzähle ihm alles in der Kurzvariante. Den Rest würden wir besprechen, wenn wir beide zu Hause seien.

Als ich nach Hause komme, ist der Tisch bereits gedeckt, das Abendessen aufgetragen. Martin, Jasmin und Patrice sitzen am Tisch und warten schon auf mich. Sobald sie mich auf der Treppe hochkommen sehen, schauen mich alle drei fragend an. Ich bin dankbar, dass alle da sind. Die Adventsdekoration rundet dieses Bild ab. Für einen kurzen Augenblick scheint es wie jeden Tag zu sein. Severin ist meistens beim Abendbrot noch nicht von der Arbeit zurück. Doch der Schein trügt. Als ich mich gesetzt habe, beginne ich von diesem Nachmittag zu erzählen. Der Raum ist gefüllt vom Duft des Kaffees, der Kerzen, Käse, frischem Brot, das Ganze umhüllt von Hoffnung und Zuversicht, jedoch auch mit einem Hauch von Angst. Es ist schön, so dazusitzen und miteinander zu sprechen. Das haben wir vor elf Jahren bei der Meningokokkenkrankheit definitiv nicht so gelebt. Es erleichtert, wenn man sich mitteilen kann, wenn man die Gefühle teilen kann, seien es angenehme oder eben auch die anspruchsvollen Gefühle. Was für uns alle richtig wertvoll ist, ist, dass es Severin so gut trägt. Es ist nicht selbstverständlich, dass der Betroffene ruhig und gefasst ist. Nach diesem Abendessen gehen Jasmin und Patrice ins Zimmer, Martin vor den Fernseher und ich ziehe mich auch in unser Schlafzimmer zurück. Jeder verbringt diesen Abend auf seine eigene Art und Weise, im Wissen, dass wir alle füreinander da sind. Was wir alle gemeinsam haben, unsere Gedanken sind bei Severin. Nachdem ich mich bettfertig gemacht habe, zünde ich mehrere Kerzen an und wähle den Duft »Engelsnektar“, den ich an der Wega im Duftschloss gekauft habe, gebe ihn in die Duftlampe. Ich setze mich im Schneidersitz auf das Bett und gebe mich einer Meditation hin. Heute geht die Meditation sehr tief. Es ist mir unerklärlich, wie es möglich ist, so tiefen Frieden zu fühlen in dieser Situation, aber genauso ist es. Ich vertraue so fest, dass es richtig ist, wie es ist. Ich weiß es einfach. Alle Zeichen stehen auf Grün, also lasse ich los und tauche ein in ein Bad aus Vertrauen, Hoffnung und Zuversicht.

Stunde der Wahrheit

Donnerstagmorgen, achter Dezember, es ist sechs Uhr in der Früh. Ich wähle die Nummer von Severin, die Operationsvorbereitungen sind auf halb sieben angesetzt. Severin hebt nach dem dritten Klingeln ab. Er klingt auch heute Morgen aufgestellt und er freut sich sehr über meinen Anruf. Er meint, er habe gestern Abend noch Fernsehen geschaut, danach gut geschlafen und jetzt sei er froh, dass es endlich losgehe. Ich sage ihm, dass ich auch gut geschlafen habe und Martin und ich gleich nach dem Anruf vom Arzt losfahren und zu ihm kämen. Erneut sage ich ihm, wie sehr ich ihn lieb habe und verabschiede mich mit den besten Wünschen. Jetzt geht es los, das große Warten. Martin und ich trinken unseren Kaffee, welcher heute irgendwie nicht richtig schmecken will, überfliegen die Zeitung, auch wenn nichts, was wir lesen, wirklich hängen bleibt. Die Gedanken sind weit weg, im Krankenhaus bei unserem Kind. Martin lenkt sich mit Fernsehen ab und ich mache noch ein wenig Haushalt. Definitiv dient auch das der Ablenkung. Es ist schön, dass Martin da ist. Es bedeutet nicht, dass wir aneinanderkleben müssen, aber wir sind beide da und unterstützen uns mit unserer Anwesenheit gegenseitig. Um neun Uhr gehen wir runter zu meiner Schwiegermutter, trinken mit ihr einen weiteren Kaffee und warten, ab und an atmen wir hörbar tief durch, warten weiter, warten auf den Anruf, auf ein Zeichen …

Mir ist bewusst, dass es Mittag werden wird, bis das erlösende Telefonat kommt. Es ist ein sehr sonderbares Gefühl, wenn du weißt, der Kopf deines Sohnes gerade aufgeschnitten wird. Mein Blick schweift regelmäßig zur Uhr, dieser Morgen scheint ein sehr, sehr langer zu sein. Ich gehe zum Briefkasten, hole die Post, blättere in den Reklameanzeigen, studiere gerade die Wochenendaktionen, als endlich der bekannte Klingelton meines Handys ertönt. Mein Atem stockt, schnell greife ich mein Telefon, erkenne die Nummer des Krankenhauses, räuspere mich kurz, drucke auf den grünen Hörer und melde mich mit gefasster Stimme. Wie erwartet ist der Arzt am Ende der anderen Leitung und die ersten Worte sind: »Frau Egger, es ist alles wie erhofft zu meiner vollsten Zufriedenheit verlaufen. Severin liegt jetzt bereits auf der Intensivstation, damit wir ihn überwachen können.« Ein Felsbrocken fällt mir von den Schultern, ich glaube, dass es jeder hören muss. Auf meine Frage, ob wir jetzt zu ihm dürften, antwortet er mit einem Ja, aber bitte nur kurz, er brauche viel Ruhe. Ich bedanke und verabschiede mich und eile zu Martin, um ihm die guten Nachrichten zu überbringen. Wir sind startklar, nur noch die Schuhe und unsere Jacken anziehen, der Schwiegermutter die frohe Botschaft überbringen, schon geht es los zum Auto.

Auf dem Weg informiere ich unsere Kinder und meine Eltern sowie die Freunde, die uns in Gedanken begleiten. Ich bin es gewohnt, solche Wege alleine zu gehen und jetzt erst merke ich, wie wertvoll und wichtig es ist, solche Momente gemeinsam zu gehen. Sie sind definitiv leichter, man sagt nicht umsonst, geteiltes Leid sei halbes Leid. Endlich stehen wir vor dem Krankenhaus und ich erfrage den Weg zur Intensivstation. Zielstrebig laufen wir los, bis wir vor der verschlossenen Türe ankommen. Auf dem Zettel an der Türe steht »Zutritt nur für Berechtigte, bitte klingeln Sie und warten, bis wir uns melden». Wir sind ganz klar berechtigt, deshalb drücke ich auf die Klingel. Martin und ich schauen uns an, halten uns an den Händen, sagen nichts. Unsere Blicke sprechen mehr, als wir mit Worten ausdrücken könnten. Die Stunde der Wahrheit ist da, was werden wir antreffen? Sind wir stark genug, dieses Bild, das sich uns zeigen wird, zu ertragen? Zu tief sitzt der Schmerz aus der alten Krankheitsgeschichte, sechs Tage Intensivstation, das leblose Kind, welches nur noch mithilfe von Apparaten überleben kann. Ertragen wir das noch einmal? Die Türe öffnet sich, eine freundliche Intensivschwester, sie ist mittleren Alters, hat kurze blonde Haare und eine dunkle, sehr extravagante Brille, fragt nach, wen wir besuchen wollten. Wir erklären ihr, dass wir die Eltern von Severin sind. Sie sagt, es sei ok, wir dürften reinkommen. Auch sie bittet uns, nur einen kurzen Besuch zu machen, da Ruhe das Wichtigste sei, was Severin jetzt brauche. Bevor sie uns vorlässt, müssen wir Schutzanzüge und eine Haube überziehen und uns die Hände desinfizieren.

Es gibt mehrere Betten im Raum, sie sind mit Vorhängen abgetrennt, sodass wir nicht sehen können, was sich dahinter verbirgt. Severin liegt hinten links, direkt beim Fenster. Martin stellt sich auf die linke Seite des Bettes und ich gehe auf die rechte Seite. Der Kopf von Severin ist ganz einbandagiert, er hat eine Nasenbrille, die ihn mit Sauerstoff unterstützt, einen Katheter, eine Infusion für die schnelle Medikamentenzufuhr und mehrere Apparate überprüfen seine Werte fortlaufend. Er ist noch benommen, doch er erkennt uns. Er sagt: »hoi Mami, hoi Papi.« Das bedeutet, er weiß noch, wer wir sind. Gott sei Dank. Er sagt, dass sie diesen Katheter rausnehmen sollten, er brenne so stark und dieses Teil in der Nase sei richtig störend. Er wolle das nicht. Für den Moment ist der Auftrag, der in diesen Worten liegt, völlig unwichtig, das Einzige, was mich gerade richtig glücklich macht, ist: Severin kann sprechen, er weiß noch, was brennen und störend bedeutet. Das ist sehr beruhigend. Erst jetzt kann ich ihm sagen, dass der Sauerstoff sowie der Katheter sehr wichtig seien. Auch wenn ich ihn total verstehen kann, bin ich gerade froh, dass sich »nur« dieses Problem zeigt. Er sagt, er sei schmerzfrei, keine Kopfschmerzen, gar nichts, nur sehr müde. Die Schmerzfreiheit kommt bestimmt vom Morphin. Er freut sich aber sehr, dass wir beide da sind. Wir bleiben noch fünfzehn Minuten da und sind sehr still, versuchen, einfach noch ein wenig bei ihm zu sein. Er schließt die Augen und ruht sich weiter aus. Die Schwester kommt zu uns und erklärt, dass sie sehr zufrieden sind mit ihm. Die Werte seien so frisch nach der Operation sehr gut. Wir fragen, ob wir am Abend nochmals kurz vorbeischauen dürften und sie sagt, dass das in Ordnung gehe. Martin und ich verabschieden uns von Severin und versprechen, um halb sieben nochmal vorbeizukommen. Er solle versuchen, zu schlafen, damit er möglichst bald wieder fit sein werde. Er verspricht uns, sich auszuruhen. Voller Hoffnung verlassen wir die Intensivstation, es scheint richtig gut gelaufen zu sein.

Der Weg nach Hause fühlt sich um einiges beschwingter an als die Anfahrt. Martin geht ins Geschäft und erledigt die restlichen Arbeiten für den morgigen Markttag und ich nehme mich der Wäsche an. Wie verabredet treten wir die Autofahrt am Abend nochmal an. Anders als am Mittag laufen wir zielgerichtet zum Eingang der Intensivstation. Unser Zeitplan ist perfekt aufgegangen. Pünktlich um halb sieben drücken wir die Klingel, heute bereits zum zweiten Mal. Gleiches Szenario, die Schwester öffnet die Türe, fragt nach unserem Namen und schaut uns fragend an. Sie bittet uns kurz, zu warten, und schließt die Türe wieder. Kein schöner Moment, gar kein schöner Moment. Was sollte das gerade eben, wir haben unseren Besuch doch angekündigt und die Schwester tut, als wenn Severin gar nicht hier wäre? Was, um Himmels Willen, hat das zu bedeuten? Ich spüre, wie sich mein Körper anspannt, die Hände beginnen zu schwitzen und schleichende Unruhe breitet sich aus. Auch Martin scheint leicht verwirrt zu sein. Da öffnet sich die Türe erneut. Die Schwester bittet uns, einzutreten. Drinnen sagt sie zu uns, dass Severin nicht mehr auf der Intensivstation liege, er sei bereits in den Aufwachraum verlegt worden. Er habe zu ihr gesagt, dass das nicht gehe, Mami und Papi kämen um halb sieben hier vorbei. Sie hätten ihm versprochen, dass wir ihn im Aufwachraum besuchen dürften, obwohl das eigentlich nicht gestattet sei. Das habe ihn beruhigt.

Damit haben wir nicht gerechnet. Was für tolle Nachrichten, dem Himmel sei Dank. Wir werden durch verschiedene unterirdische Gänge geführt, bis wir endlich vor einem düsteren Raum im Keller stehen bleiben. Hier drinnen liegt Severin und wird immer noch engmaschig überwacht, jedoch nicht mehr so fest wie auf der Intensivstation. Er ist wach und freut sich riesig, dass wir wieder da sind. Jetzt findet auch schon das erste richtige Gespräch statt. Ich bin mir immer sicherer, dass wir mit diesem Eingriff die richtige Entscheidung getroffen haben. Wir bleiben auch hier nicht lange, denn immer noch gilt, in der Ruhe liegt die Kraft. Es ist nicht umsonst verboten, hier Besuche zu empfangen. Wir herzen Severin und wünschen ihm eine gute Nacht, gute Erholung und schon gehen wir, zum wiederholten Mal am heutigen Tag, nach Hause.

The Day After

Ich glaube, dass gerade die Nacht hinter mir liegt, in der ich durchgeschlafen habe wie seit Monaten nicht mehr. Die wochenlange Anspannung hat sich zumindest teilweise gelöst. Die Operation scheint sehr erfolgreich verlaufen zu sein, dieses wuchernde Ding im Kopf ist entfernt und vor allem die Entscheidung für oder gegen die Operation muss nicht mehr gefällt werden. Es scheint, als wüchsen mir Flügel, so frei fühlt es sich an diesem Morgen an. Heute ist der Kaffee besonders genussvoll, daran ändert auch die morgendliche Dunkelheit nichts. Wir bewegen uns auf den kürzesten Tag zu, was auch bedeutet, dass es sehr spät hell wird. Jasmin, Patrice und Martin können bei den Schwiegereltern zu Mittag essen und ich mache mich auf den Weg nach St. Gallen. Ich werde die nächsten Tage die meiste Zeit im Krankenhaus verbringen, damit ich Severin, so gut es geht, bei der Heilung unterstützen kann. Als Eltern gelten keine regulären Besuchszeiten, wir dürfen kommen, so oft und so lange wir wollen. Ich betrete das Krankenhaus gegen neun Uhr. Ohne nach links oder rechts zu schauen gehe ich nach oben, den Gang entlang, klopfe an die Zimmertür und trete ein. Da sitzt er aufrecht in seinem Bett, er hat bereits gefrühstückt und strahlt wie ein Marienkäfer, weil es ihm den Umständen entsprechend gut geht. Kauen bereitet ihm noch große Schmerzen, denn der Kaumuskel wurde bei der Operation, wie angekündigt, durchschnitten. Das wird eine längere Zeit so sein, doch mit den richtigen Mahlzeiten kann man gut unterstützen, dass es nährt, aber nicht zu sehr schmerzt. Die Kopfschmerzen sind erträglich, er darf sich jederzeit melden, wenn er Zusatzmedikamente braucht. Die junge Schwester, die uns in Empfang genommen hat, betritt das Zimmer. Sie lächelt uns freundlich an und fragt, wie es uns geht. Sie überprüft den Blutdruck, misst die Temperatur und fragt nach, ob Severin etwas benötigt. Sie meint, ein Eisbeutel sei gut, den werde sie gleich noch bringen, damit sollten wir die Wunde kühlen, damit sie nicht anschwelle. Die Werte sind auch heute wieder sehr zufriedenstellend. Ich telefoniere mit meiner Mutter und erzähle ihr, wie gut es uns gerade geht, Severin ruft seinen Arbeitgeber an und teilt ihm mit, dass der Eingriff erfolgreich war. Die Arztvisite kommt und die Ärzte sind sehr zufrieden und erstaunt über seinen Gesundheitszustand. Sie erklären uns, dass das Gewebe im Labor sei, damit wir genau wüssten, um was für eine Entartung des Gewebes es sich handle. Das ist entscheidend, damit wir dann auch wissen, wie wir weiter vorgehen sollen. Erneut sind Warten und Geduld angesagt, doch die Zeichen stehen gut.

Ich bleibe da und Severin schläft relativ viel. Zwischendurch mag er sogar schon kurze Zeit spielen. Ich habe mir ein Buch mitgenommen, damit mir die Zeit nicht zu lange wird. Ich hole in regelmäßigen Abständen frische Eisbeutel, gehe ins Krankenhausrestaurant essen und setze mich wieder an das Bett. Severin ist noch müde, zwischenzeitlich ruht er sich immer wieder aus. Normalerweise schläft er auf dem Bauch, jetzt ist das nicht möglich, er beklagt sich über ein Hämmern im Kopf, sobald das Blut in den Kopf fließt. Deshalb hat er die Kopfstütze leicht angewinkelt und versucht, mit geschlossenen Augen zu entspannen. Bequem ist das nicht, doch es funktioniert. Am Abend kommen Martin und Jasmin zu Besuch. Beide sind sehr froh, dass es ihm bereits so gut geht. Es ist erstaunlich, bis auf den Verband ist Severin, Gott sei Dank, nichts anzumerken. Er hat keine ersichtlichen Einschränkungen, das ist echt ein riesengroßes Geschenk. Auf die Frage von Jasmin, wie es ihm gehe, antwortet er folgendermaßen: »Es geht mir so weit gut, was ich aber als sehr anstrengend empfinde, ist, dass ich ohne Schmerzen gekommen bin und jetzt Schmerzen hab.« Das können wir natürlich verstehen, aber was sind ein paar Tage mit Schmerzen, wenn der Tumor dafür entfernt ist. Für heute reicht es, Severin braucht Ruhe, wir verabschieden uns und machen uns auf den Heimweg.

Für Ende Januar haben wir einen Skiurlaub gebucht. Als wir zu Hause ankommen, sagt Jasmin, dass sie nicht wolle, dass Severin allein im Hotel sitzen müsse, sie würde auch auf das

Skifahren verzichten und bei ihm im Hotel bleiben. Ich vertröste sie und sage ihr, dass wir jetzt noch nichts planen könnten, da wir noch gar nicht wüssten, ob es überhaupt möglich sei, diesen Urlaub anzutreten.

Auch am Samstag gehe ich schon früh am Morgen wieder in die Klinik, es ist eine Freude, zu sehen, dass es Severin schon viel besser geht. Als ich komme, löst er Sudokus. Das Mittagessen nehme ich im Krankenhausrestaurant ein. Das Birchermüesli hier schmeckt mir sehr gut, deshalb fällt meine Wahl heute darauf. Dazu gibt es ein Vollkornbrötchen und eine Tasse starken Kaffee. Ich setze mich ganz allein an den runden Tisch im großen Speisesaal. Hier habe ich den Überblick, heimlich halte ich Ausschau nach unserem Arzt. Mit ihm habe ich noch nicht gesprochen seit unserem Telefonat direkt nach der Operation. Ich glaube zwar nicht, dass er hier mit mir spräche, doch ganz ehrlich gibt es da einen Teil in mir, der sich das erhofft. Ich führe gerade den Löffel in Richtung Mund, da klingelt mein Telefon. Als wenn er es gespürt hätte, dass ich mir gerade ein Gespräch mit ihm wünsche, meldet er sich am anderen Ende der Leitung. Er begrüßt mich abermals sehr freundlich und erklärt mir, dass der Grund des Anrufes das Ergebnis der Gewebeuntersuchung sei. Ich zucke leicht zusammen, ich wusste ja, dass dieser Anruf kommt, ich warte auch darauf, doch was, wenn uns das Ergebnis nicht gefällt? Was, wenn es ein bösartiger Krebs ist? Der Arzt sagt, er sei sehr zufrieden mit der Operation und habe Freude, wie gut es Severin gehe. Was ihn aber am meisten freue, sei, dass er mir jetzt sagen könne, dass das Gewebe ein gutartiges Embryonalgewebe sei. Stille, ich kann es gar nicht fassen. Gutartiges Embronialgewebe, wie wunderbar. Kein Krebs. Es dauert eine ganze Weile, bis ich den Inhalt dieser Worte fassen kann. Was bedeutet das genau? Ist Severin jetzt gesund? Keine Chemotherapie, keine Bestrahlung? Ich kann dieses Gefühl gar nicht wirklich beschreiben. Ich bin einfach nur erleichtert, dankbar und glücklich. Ich könnte aufspringen und durch den ganzen Speisesaal schreien: »Juhu, gutartiges Embryonalgewebe, kein Krebs, Severin hat keinen bösartigen Krebs.« Ich esse ja eigentlich immer zu schnell, heute muss ich das noch schneller tun, denn diese Nachricht möchte ich Severin so schnell wie möglich persönlich überbringen. Völlig beschwingt gehe ich in sein Zimmer zurück. Man kann mir die Erleichterung deutlich ansehen. Ich strahle und sage Severin: »Der Tumor ist gutartig, wir haben es geschafft, der Tumor ist tatsächlich gutartig.« Wir nehmen uns in die Arme und die Anspannung lässt endlich nach. Wir bleiben für einen Moment so sitzen und atmen tief durch. Ein Gefühlskarussell, welches sich nicht mit Worten beschreiben lässt. Als wir uns wieder gefasst haben, informieren wir die uns nahestehenden Menschen über diese erfreulichen Neuigkeiten.

Am Nachmittag kommen meine Eltern zu Besuch. Severin und ich freuen uns sehr, so vergeht die Zeit wie im Fluge. Meine Mutter ist sehr herzlich, auch bei diesem Besuch ist das einmal mehr deutlich spürbar. Was sie besonders gut kann, ist persönliche, liebevolle Grußkarten zu schreiben. Auch heute bringt sie Severin eine sehr berührende Karte mit Genesungswünschen mit. Ich glaube, sie macht das so, weil sie ihren Gefühlen schriftlich mehr Ausdruck geben kann. Gleichzeitig schützt es sie, so muss sie sich nicht verletzbar machen. Als meine Eltern sich verabschieden, entscheide ich mich, auch nach Hause zu gehen. Severin soll noch ein wenig ruhen, danach wird Patrice mit dem Freund von Severin vorbeischauen.

Aus eins mach zwei

Am Sonntag gehen Martin und ich gemeinsam in die Klinik. Ich kenne ja unterdessen die Abläufe schon ziemlich genau. So besorge ich weiterhin die Eisbeutel, wir spielen, lesen, zappen im Handy. Heute geht es Severin schon wieder richtig gut. Er möchte gerne mit uns ins Restaurant kommen, wir fragen bei der Schwester nach, sie meint, dies sei überhaupt kein Problem. Ein bisschen Ablenkung wird uns allen nicht schaden, so wechseln wir vom Zimmer in das Restaurant. Martin und ich wählen ein Menü aus, Severin hat schon im Zimmer gegessen, er mag eine Coca-Cola trinken. Mein runder Tisch ist wieder frei und so steuere ich diesen heute direkt an. Kurz stelle ich einfach für mich selber schmunzelnd fest, dass ich da an Gewohnheiten festhalte. Wir freuen uns über diese neu gewonnene Freiheit, das Krankenhausrestaurant ist schon angenehmer, als den ganzen Tag im Zimmer herumzusitzen. Wir sehen uns um und sprechen über dies und das.

Auch heute klingelt mein Telefon wieder. Dieses Mal ist Jasmin am Telefon. Ich merke sofort, dass etwas nicht stimmt. Sie ist total aufgewühlt und sagt, sie habe einen Reitunfall gehabt und müsse ins Krankenhaus. Das darf doch nicht wahr sein, was kommt denn noch alles? Auf meine Frage, was genau los sei, sagt sie mir, dass meine Schwiegermutter bereits informiert und auf dem Weg zu ihr sei. Ich sage ihr, sie sollten bitte auch nach St. Gallen kommen, dann könne ich bereits die Anmeldung im Notfall übernehmen. Ich erkläre Martin und Severin kurz, was passiert ist. Gemeinsam entscheiden wir, dass Martin mit Severin fertig essen und sie danach in sein Zimmer zurückgingen. Ich suche die Notfallstation auf und erkundige mich, wo ich einen Notfall anmelden kann. Zwischenzeitlich ruft mich meine Schwiegermutter an und informiert mich, dass Jasmin mit Martins Cousin auf dem Weg in den Notfall sei. Das Geschäft, in dem Jasmin arbeitet, hat an den Sonntagen im Dezember immer geöffnet, also rufe ich, während ich auf sie warte, im Blumenladen an und informiere sie über den Unfall. Nervös gehe ich vor dem Notfall auf und ab. Es kann nicht mehr lange dauern, zeitlich müsste es aufgehen, dass sie jeden Moment ankommen. In diesem Moment fährt der mir bekannte große schwarze Patrol schon die Auffahrt hoch. Er hält direkt vor dem Eingang, der Cousin steigt aus, noch bevor er bei mir ist, habe ich die Beifahrertür geöffnet. Da sitzt sie völlig verdreckt, das Gesicht schmerzverzerrt. Was macht man in solch einem Moment, ich weiß es nicht, lachen oder weinen? Ich entscheide mich fürs Lachen, obwohl es alles andere als lustig ist. Wenn ich jetzt weine, verliere ich die Beherrschung und das kann ich gerade nicht gebrauchen. Jasmin ist von oben bis unten mit Schmutz verdreckt. Wir holen einen Rollstuhl, gemeinsam setzen wir Jasmin hinein. Ich bedanke mich beim Cousin, verspreche ihn auf dem Laufenden zu halten und wir verabschieden uns von ihm. Langsam stoße ich den Rollstuhl in den Notfall. Noch müssen wir uns in den Wartebereich begeben, doch Jasmin sagt, sie könne nicht mehr sitzen. Wir haben Glück, eine Krankenschwester, die gerade vorbeigeht, hört das und bittet uns um einen kurzen Moment Geduld. Eine andere Schwester kommt zu uns und bringt uns direkt in ein freies Notfallzimmer. Jasmin hat starke Schmerzen in den Schultern, den Hüften und am linken Fuß. Also helfen wir ihr gemeinsam vom Rollstuhl ins Bett und achten besonders darauf, dass sich die Schmerzen nicht noch verstärken.

Allmählich wird mir bewusst, dass ich nicht mehr ein, sondern tatsächlich zwei Kinder gleichzeitig im Krankenhaus habe. Praktisch veranlagt, wie ich bin, kommt mir der naheliegende Gedanke, dass es super wäre, wenn Jasmin im freien Bett bei Severin untergebracht werden könnte. Ich spreche Jasmin darauf an und sie fände das auch eine sehr gute Idee. Während wir warten, fährt ein Krankenwagen mit Blaulicht vor. Ein älterer Mann wird gebracht, hier scheint es sehr dringlich zu sein. Die Ärzte eilen herbei, was für uns erneutes Warten bedeutet. Jasmin hat Schmerzen, das Atmen fällt ihr schwer und die Schulter scheint verletzt. Sie kann den linken Arm nicht mehr heben. Ich verstehe sehr wohl, dass der ältere Mann jetzt dringend

Hilfe benötigt, dennoch werde ich allmählich ungeduldig. Was ist, wenn sich Jasmin innere Verletzungen zugezogen hat? Ich kann gerade gar nicht abschätzen, wie dringlich ihre Untersuchung wirklich ist. Auch wenn sich Jasmin Mühe gibt, nicht zu jammern, sind ihr die Schmerzen mehr als deutlich anzusehen. Damit sie der Arzt richtig untersuchen kann, müssen wir ihr die Kleider ausziehen. Das ist jetzt nur bedingt möglich, deshalb holt die Krankenschwester eine Schere und schneidet diese kurzerhand auf. Sie nimmt das bereitliegende Krankenhaushemd und zieht es Jasmin über. Ich erzähle der Krankenschwester, dass Severin auch hier im Krankenhaus liegt, mit frisch operiertem Hirntumor, und ich trage ihr mein Anliegen vor, Jasmin zu ihm zu legen. Sie ist sehr verständnisvoll und verspricht mir, abzuklären, was machbar sei. Sie erklärt, dass es im Moment gerade sehr voll sei auf der Notfallstation und dass wir kurz warten müssten, bis ein Arzt frei sei. Während Jasmin und ich alleine auf den Arzt warten, frage ich sie, was genau passiert sei. Sie erzählt mir, dass sie wie gewohnt ausgeritten sei, alles sei sehr entspannt und schön gewesen. Aus der entgegenkommenden Richtung sei eine andere Reiterin gekommen und ihr Pferd Valeska und sie seien beide nicht sehr aufmerksam gewesen. Valeska sei erschrocken und davongaloppiert. Jasmin habe keine Chance mehr gehabt, die Führung zu übernehmen. Valeska wollte nur eines, nämlich zurück nach Hause. Das Problem war, dass sie zu schnell unterwegs war für die enge Kurve, die vor ihnen lag. Valeska kürzte über die Wiese ab. Die Wiese war feucht und rutschig, da der Bauer kurz vorher noch mit dem Traktor reingefahren war. Valeska rutscht aus und Jasmin mit ihr. Das linke Bein hat Jasmin unter dem Pferd eingeklemmt, doch Valeska ist zügig wieder aufgestanden, Jasmin ist am Boden geblieben, jedoch im Affekt mit aufgestanden und hat die Zügel nicht losgelassen. So hat sie das Pferd stoppen können. Noch während ihrer Erzählungen kommt der Arzt. Auch er spricht Jasmin darauf an, was genau passiert ist, und beginnt gleichzeitig mit den Untersuchungen. Endlich bekommt sie die ersten Schmerzmittel. Der Arzt erklärt uns, dass er für die genaue Diagnose eine Bildgebung benötigt. Er bittet mich zu warten und Jasmin wird direkt mit dem Krankenhausbett ins Röntgenzimmer gebracht.

Währenddessen gehe ich an die frische Luft. Ich setze mich auf eine Parkbank und schließe die Augen. Tief durchatmen, einfach nur atmen. Ich stelle die Frage ins Universum, was sie mir jetzt bitte noch aufzeigen wollten. Ich kann es nicht erkennen. Was ich definitiv weiß, ist, dass es mich überfordert. Reicht es noch nicht aus? Es ist doch schon eine große Prüfung, den Weg mit Severin zu gehen, und jetzt das auch noch. Bitte, lass es nicht schlimm sein, bitte nicht noch mehr, ich schaffe das nicht. Bevor ich jedoch einbreche, gehe ich zurück zu Jasmin. Sie ist wieder zurück, schaut mich an und sagt mir, dass der behandelnde Arzt von Severin soeben hier gewesen ist. Er habe ihr erklärt, dass das Bett im Zimmer von Severin freibleiben müsse, sofern ein Notfall mit einer neurologischen Erkrankung eintrete. Das gefällt mir gar nicht, trotzdem verstehe ich es. Das wäre jetzt zu schön gewesen, dann wäre es in einer Betreuung gegangen. Ich kann mich ja nicht zweiteilen.

Die Schmerzmittel scheinen nicht zu greifen. Die Schwester legt ihr eine Infusion und sie bekommt nun intravenös Morphin. Der Arzt kommt wieder zu uns und erklärt uns den Befund der Bilder. Was er definitiv erkennen kann, ist ein unschöner Schlüsselbeinbruch auf der linken Seite, daher kommt wahrscheinlich ein Großteil der Schmerzen. Der Knochen steht richtig ab. Es ist auch mit den Augen ersichtlich, dass die Knochen übereinanderliegen. Der darüberliegende Knochen sticht bei jeder kleinen Bewegung ins Fleisch. Der Fuß sei nicht gebrochen, aber durch den Druck des Pferdes sehr in Mitleidenschaft gezogen. Auch die Hüfte sehe gut aus, nebst den äußerlichen Verletzungen hätten sie nichts gefunden. Zurzeit könnten sie keine inneren Verletzungen erkennen, es sei allerdings noch zu früh, das definitiv auszuschließen. Jasmin muss auf alle Fälle zur Überwachung im Krankenhaus bleiben. Mit ihren Verletzungen muss sie auf die medizinische Abteilung verlegt werden. Das ist blöd, denn das bedeutet für mich, Jasmin liegt in Haus drei und Severin in Haus vier. Der Arzt verabschiedet sich von uns und die Krankenschwester bekommt den Auftrag,

Jasmin auf ihr Zimmer zu bringen. So begleite ich innerhalb von vier Tagen schon das zweite Kind ins Krankenhauszimmer. Jasmin kommt ebenfalls in ein Zweibettzimmer, sie hat den Luxus, dass sie in die Halbprivatstation gelegt wird, weil alle anderen Betten schon vergeben sind. Auch sie bekommt den Fensterplatz. Ich rufe Martin an und gebe ihm Bescheid, dass wir in Haus drei sind, und sage ihm die Zimmernummer. Er sagt, Severin und er würden gleich rüberkommen. Es dauert nicht lange, die Tür öffnet sich und unsere beiden Männer treten ein. Jasmin ist überhaupt nicht zum Spaßen zu Mute. Ihr ist speiübel. Im Schrank neben dem Bett finde ich die Brechschale. Es scheint, dass sie genau wie ich mit Übelkeit auf Morphium reagiert. Dieser Anblick ist sehr bedauernswert. Severin und Martin erkennen relativ schnell, dass ihr Besuch nicht viel bringt. Nachdem ich ihnen erzählt habe, was genau passiert ist und wie die Diagnose lautet, gehen sie wieder zurück in Severins Zimmer.

Ich gehe ins Bad und suche einen Waschlappen, irgendwo muss es einen geben. Tatsächlich finde ich einen im Spiegelschrank, halte ihn unter das eiskalte Wasser und benutze ihn, um Jasmin die Stirn ein wenig zu kühlen. Das tut ihr gut. Doch die Übelkeit wird und wird nicht besser, selbst, als sie von der Krankenschwester ein Medikament gegen Übelkeit bekommt. Langsam, aber sicher erschöpfen sie diese Strapazen und sie wird zusehends schläfriger. Ich sage ihr, sie solle versuchen, ein wenig zu schlafen. Ich gebe ihr einen Kuss, drehe mich um, gehe aus dem Zimmer zum Aufzug und fahre damit zum Ausgang. Um von Haus drei zu Haus vier zu gelangen, muss ich das Krankenhausgelände überqueren. So verlasse ich Haus drei, gehe ein paar Schritte, bleibe stehen, schließe abermals die Augen und ich frage mich, Sonja, was tust du da eigentlich? Willst du jetzt permanent von Haus drei ins Haus vier und umgekehrt wechseln? Was soll das werden? In diesem Moment fällt es mir wie Schuppen von den Augen, ich kann gerade die Kontrolle nicht abgeben, ich glaube, dass niemand nach meinen Kindern besser schauen kann als ich selbst. Ich stelle mir die Frage, ob das stimmt. Beschämt stelle ich fest, dass es nicht so ist. Ich kann einmal mehr die Verantwortung nicht abgeben. Hier gibt es geschultes Personal, die mir seit Wochen jedes einzelne Mal bewiesen haben, wie liebevoll und verantwortungsvoll sie mit ihren Patienten umgehen. Weshalb lasse ich sie ihren Job nicht machen? Soll das der Sinn für mich in dieser Situation sein? Dass ich endlich verstehe, dass ich auch hier die Verantwortung abgeben muss? Ich kann unsere Kinder nicht vor allem Leid schützen, im Gegenteil, wenn ich immer Angst habe, dass ihnen etwas passieren könnte, ziehe ich das sogar noch an. Jetzt verstehe ich den nächsten Heilschritt, welchen unser Familiensystem braucht. Ich muss nach Hause gehen, den Schwestern und Ärzten vertrauen und unseren fast erwachsenen Kindern zutrauen, dass sie ein paar Stunden ohne mich im Krankenhaus zurechtkommen. Es ist für mich absolut verständlich, dass ich das so gehändelt habe, mein Trauma aus der Meningokokkenmeningitis ist anscheinend noch nicht vollständig gelöst. Ich kann doch jetzt nicht für den Rest meines Lebens, jedes Mal, wenn ein Lieblingsmensch von mir ins Krankenhaus muss, pausenlos am Bett sitzen und warten, ob er/sie stirbt oder nicht. Das ist definitiv der nächste Schritt. Ich erinnere mich gerade auch, dass Jasmin gesagt hat, sie möchte sich am liebsten ein Bein brechen, damit sie nicht arbeiten muss und Severin im Krankenhaus besuchen kann. Hallo, Gedanken und Worte manifestieren Dinge, jetzt haben wir den Salat. Sie hat sich ein Bein gebrochen, zwar das Schlüsselbein, doch das ist ein Bein, und sie liegt unumstritten im Krankenhaus bei Severin. Nicht in seinem Zimmer, sie kann ihn jedoch besuchen, wann immer sie will. Krass. Ich weiß, was ich zu tun habe, systemisch liegt es so klar auf der Hand. Ich muss jetzt nach Hause.

Langsam öffne ich meine Augen, und laufe ganz langsam zu Haus vier, benutze den Aufzug und gehe zu Martin und Severin. Ich sage zu Martin, dass ich jetzt nach Hause gehen werde, ob er auch mitkomme. Severin und er sind irritiert. Ich erkläre ihnen, dass es hier gutes Personal gebe, die jetzt auf Jasmin und Severin schauen könnten, und dass ich jetzt echt Erholung brauche. Natürlich kommt Martin mit nach Hause. Wir verabschieden uns von Severin und ich verspreche am Morgen anzurufen. Martin und ich gehen nochmal zu Jasmin, auch ihr erkläre ich, dass wir nun nach Hause fahren, dass ich ihre Sachen richte, damit ich sie ihr morgen bringen könne. Auch ihr verspreche ich morgen früh anzurufen. Passender könnte es gar nicht sein, die Krankenschwester schaut gerade nochmal bei Jasmin vorbei und überprüft die Werte. Sie ist zufrieden, der Blutdruck ist sehr tief, doch das ist bei Jasmin meistens so. Ich sage auch ihr, dass wir nach Hause gehen, bitte sie allerdings, sofort anzurufen, wenn irgendetwas Beunruhigendes sein sollte. Sie verspricht mir das so in der Krankenakte zu notieren, damit ebenso die Nachtschwester informiert sei. Wir nehmen Jasmin in den Arm, sagen ihr, dass wir sie lieb haben, und verlassen für diesen Tag zum letzten Mal ihr Zimmer. Martin und ich gehen zum Wagen und sind einfach nur sehr müde von den Geschehnissen der vergangenen Tage. Mit der freudigen Gewissheit, dass wir zuhause noch ein gesundes Kind haben, fahren wir heim. Natürlich haben wir Patrice immer auf dem Laufenden gehalten und dennoch fühlt es sich jetzt richtig an, zu ihm zu fahren. Wir essen gemeinsam zu Abend, erzählen von den Ereignissen und anschließend lege ich mich völlig erschöpft ins Bett. Ich schließe meine Augen, mit dieser Müdigkeit müsste ich sofort einschlafen. Doch die Gedanken ziehen ihre eigenen Kreise, von Haus vier zu Haus drei und umgekehrt. Ich befinde mich im klassischen Gedankenkarussell und raube mir mit diesem Spiel den notwendigen Schlaf. Doch auch auf diese Nacht wird irgendwann der kommende Morgen folgen.

Lazarett

An diesem Montagmorgen stehe ich völlig gerädert auf. Erholung vom Wochenende, was ist das genau? Ich bin froh, dass ich alle eingetragenen Kundentermine schon vor der Operation von Severin verschoben habe. Ich erhoffe mir, dass der starke Kaffee, den ich mir aus der Maschine gelassen habe, die verlorenen Lebensgeister zurückbringt. Unterdessen schaue ich die liegen gebliebene Post der vergangenen Tage durch. Um halb acht rufe ich Jasmin an. Ich habe ein mulmiges Gefühl und hoffe sehr, dass es ihr besser geht. Sie meldet sich, ihre Stimme ist mir so vertraut, dass ich sofort höre, dass meine Erwartungen erfüllt werden. Sie sagt, sie habe immer noch bei jeder kleinsten Bewegung Schmerzen, sonst sei ihr Zustand aber stabil. Das ist die Nachricht, die mir die nötige Motivation für den heutigen Tag schenkt. Ich frage nach, was sie alles von zuhause brauche. Das Nötigste habe ich bereits zusammengesucht. Ich verspreche bald zu kommen und verabschiede mich. Das Telefonat mit Severin halte ich sehr kurz, bei ihm gibt es keine Veränderung und ich weiß ja, dass er alles hat. Ich rufe meine Mutter an, um ihr zu erzählen, dass Jasmin nun ebenfalls im Krankenhaus liege. Ich weiß, dass sie das von mir erwartet, gleichzeitig weiß ich, dass es ihr großen Kummer bereitet. Ich verspreche ihr, sie sofort zu informieren, wenn ich was Neues wisse.

Duschen, anziehen und abermals losfahren in Richtung St. Gallen. So scheint meine neue Morgenroutine auszusehen. Daran möchte und werde ich mich ganz sicher nicht gewöhnen. Heute ist klar, dass ich zuerst zu Jasmin gehe, da ich ja ihr ganzes Gepäck mitbringe. Noch vor einem Monat kannte ich mich in diesem Krankenhaus überhaupt nicht aus, jetzt ist es für mich ein Leichtes, mich hier zurechtzufinden. Jasmin sitzt im Bett und ist mit ihrem Handy beschäftigt. Sie dreht ihren Kopf in meine Richtung und ich meine, sogar ein kleines Lächeln zu erkennen. Sie ist froh, dass ich da bin. Bei ihrem Anblick öffnet sich mein Herz, es scheint ihr um einiges besser zu gehen als am Vorabend. Die Schmerzen werden sie wohl noch eine Weile begleiten, was mich jedoch beruhigt, ist die Vermutung, dass sie keine inneren Verletzungen zu haben scheint. Sobald es mir möglich ist, frage ich bei der Krankenschwester nach, ob sie mir schon mehr sagen könne als gestern. Auch sie ist sehr zuversichtlich, möchte aber nicht zu viel versprechen, deshalb sagt sie mir auch, dass wir nach der Visite definitiv mehr wüssten. Sie lässt uns wieder alleine und ich helfe Jasmin beim Umziehen. Gut, dass sie einen Schrank voll mit Jäckchen hat, die sind jetzt viel einfacher anzuziehen. Ich bin zufrieden und sage Jasmin, dass ich schnell zu Severin gehen werde, und nehme wieder den bereits gewohnten Weg von Haus drei zu Haus vier. Der Anblick von Severin ist sehr erfreulich, bei ihm sieht es aus, als wenn er sich von Stunde zu Stunde mehr erholen würde. Ich kann es fast nicht glauben, dass der Eingriff erst vier Tage zurückliegen soll. Die Krankenschwester kommt ins Zimmer und überprüft die Werte Severins. Sie ist sehr zufrieden und wir auch. Da ich heute etwas später dran bin, dauert es nicht lange, bis die Visite vorbeikommt. Die Ärzte sind sehr zuversichtlich und sagen, dass Severin heute schon mit nach Hause kommen kann. Die Nachbehandlung könne jetzt auch ambulant stattfinden. Nur fünf Tage nach dieser großen Operation, das ist ja großartig. Ein richtiger Lichtblick. Während er noch auf die Entlassungspapiere wartet, packen wir seine sieben Sachen zusammen und freuen uns auf die Heimreise.

Während Severin im Zimmer wartet, bis alles bereit ist für die Heimfahrt, gehe ich nochmal von Haus vier zu Haus drei. Jasmin wartet auf die Visite, es wird jedoch nicht mehr lange dauern, denn ich habe gerade eben gesehen, wie sie ins benachbarte Zimmer gegangen sind. Wie erwartet betreten sie kurze Zeit später das Zimmer von Jasmin. Auch mit ihr sind sie sehr zufrieden. Den Schlüsselbeinbruch wollen sie im Moment noch nicht operieren, sie meinen, es mache Sinn, diesen zusammenwachsen zu lassen. Der Verdacht auf innere Verletzungen scheint vom Tisch zu sein, deshalb sagen sie zu uns, dass es keinen Grund mehr gebe, Jasmin länger hierzubehalten. Damit habe ich wirklich nicht gerechnet. Wie genial ist das, ich kann tatsächlich beide Kinder mit nach Hause nehmen. Auch hier räume ich die soeben eingeräumten Kleider und persönlichen Dinge von Jasmin wieder in die Tasche. Severin ruft mich an und sagt mir, er habe jetzt die Papiere bekommen und er sei startklar. Er freut sich auch sehr, als er hört, dass Jasmin mit nach Hause kommen könne. Es dauert noch eine halbe Stunde, bis ich beide Kinder samt Gepäck im Wagen verstaut habe, doch ich bin glücklich, dass ich sie wieder mit nach Hause nehmen darf. Auf dem Nachhauseweg stoppen wir noch in einer Apotheke, um die notwendigen Medikamente abzuholen. Was mich sehr erstaunt, ist, dass Jasmin mehr und stärkere Arzneimittel benötigt als Severin.

Ich bin so froh, dass ich die beiden wieder daheim habe. Sie können sich gegenseitig beschäftigen und ich kann meine Dinge erledigen. Severin ist fast wieder, wie sagt man so schön, fit wie ein Turnschuh. Jasmin hingegen wird echt von starken Schmerzen geplagt. Ihr werde ich die nächsten Tage bei fast allem helfen müssen. Ich kann das auch verstehen, wenn ich den Bruch von außen betrachte, erkenne ich, dass es sich um alles andere als einen sauberen Bruch handelt. Der überstehende Knochenteil ist spitz und ich kann mir sehr gut vorstellen, dass jede kleinste Bewegung schmerzt. Mit bloßem Auge ist erkennbar, das die linke Schulter nun um einiges schmaler ist als die rechte. Wenn ich ehrlich bin, zweifle ich dieses Mal, ob es richtig ist, nicht zu operieren. Das natürliche Gleichgewicht ist völlig aus dem Lot geraten. Das wird sich bestimmt auf den Rücken auswirken. Ich ahne schon, dass massive Verspannungen die logische Folge sein werden. Severin benötigt kaum noch Medikamente, Jasmin indes für mein Verständnis eher zu viel. Schmerztabletten reichen nicht aus, so muss sie Novalgin nehmen. Das ist ein starkes Mittel, welches bei längerer Einnahme den Organismus stark belastet. Meine beiden Patienten ergänzen sich recht gut, es wird jedoch zum Problem, wenn es um das Fernsehprogramm geht. Da sind sie so verschieden, dass es nicht selten zu Spannungen kommt bei der Auswahl des Filmes.

Es ist jetzt eine Woche her, seit ich die Kinder vom Krankenhaus nach Hause holen konnte. Severin ist richtig fit, aber

Jasmin gefällt mir gar nicht. Ihre Schmerzen werden einfach nicht weniger, deshalb melde ich mich beim Hausarzt und bespreche mit ihm meine Bedenken. Er sagt mir, ich solle bitte im Krankenhaus anrufen. Es sei wichtig, dass es ein Arzt anschaue, der wisse, ob operieren nicht doch sinnvoller sei. Also melde ich mich einmal mehr in St. Gallen und vereinbare einen weiteren Termin. Am Mittwoch hat Severin einen Untersuchungstermin bei seinem Arzt. Wir fahren zeitig los, da es in der vergangenen Nacht geschneit hat. Es ist bitterkalt und auch wenn die Straßen gesalzen sind, melden sie im Radio diverse Probleme im Straßenverkehr. Das Radio spielt, passend zur Adventszeit, weihnachtliche Musik. Irgendwie verleihen der eingezogene Winter und die Musik dieser Fahrt einen gewissen Zauber. In diesem Jahr sind Geschenke, Weihnachtsmärkte und Keksebacken in den Hintergrund getreten. Zu sehr bin ich beschäftigt mit meinem kleinen Privatlazarett. Während ich darüber nachsinne, höre ich die Meldung, dass es auf der Autobahn in Richtung St. Gallen einen schweren Verkehrsunfall gegeben hat. So nehmen wir stattdessen die Hauptstraße. Wir sind glücklich, weil es Severin so gut geht, trotzdem ist eine leichte Nervosität spürbar. Was wird der Arzt sagen? Trügt der Schein oder können wir uns wirklich in Sicherheit wägen? Es ist fast unglaublich. Wenn ich an die erste Untersuchung in der Spezialklinik denke, dreht sich mir fast der Magen um. Severin ist meilenweit von all diesen Einschränkungen entfernt, die uns anfangs angekündigt worden sind. Das erstaunt mich immer wieder. Ich ertappe mich beim Gedanken, der Ärztin als Dank einen großen Blumenstrauß zu senden, weil sie sich geweigert hat, die Operation zu machen. Mit diesen Gedanken fahre ich auf den Parkplatz vor der Klinik. Wir sind einmal mehr zeitig dran, deshalb entschließen wir uns noch, ins Restaurant zu gehen. Severin trinkt eine Coca-Cola und ich freue mich auf den guten Kaffee, den man hier bekommt.

Fünfzehn Minuten später sitzen wir im Wartebereich und hoffen, dass der Arzt bald Zeit für uns hat. Wie gewohnt hält er sich ziemlich genau an seinen Terminplan und pünktlich um 15.30 Uhr holt er uns persönlich ab. Wir folgen ihm ins Behandlungszimmer, er bietet uns einen Platz an und erkundigt sich nach dem Befinden Severins und ist sichtlich erstaunt, wie gut es ihm geht. Er nimmt die Krankenakte in die rechte Hand und hält sie hoch. Er freut sich riesig und er sagt zu uns, dass er endlich den Beweis in den Händen halte. Er setze diese Bilder bei seinem nächsten Vortrag ein. Er fragt uns, ob wir uns an das Gespräch vor der Operation erinnerten. Ich sage ihm, natürlich erinnerte ich mich daran. Dann erklärt er, er habe uns damals fragen wollen, ob es okay sei, wenn er eine neue Operation ausprobiere. Er sei sich ziemlich sicher, dass dieser Eingriff am wenigsten Komplikationen mit sich bringe, habe ihn aber noch nie durchgeführt. Da wir ihm freie Hand gewährt hätten, habe er sich für diese Operation entschieden, da er sich viel davon versprochen habe. Er habe einen neuen Zugang zu der vom Tumor betroffenen Stelle genutzt, was es ihm ermöglicht hätte, den ganzen Schläfenlappen zu erhalten. Er ist sehr zufrieden mit dem Resultat und es freut ihn riesig, dass es Severin so gut geht. Dennoch muss er uns etwas mitteilen, was einen kleinen Wermutstropfen hinterlässt. Er erklärt uns, dass er so sorgfältig gearbeitet habe, weil er keine Hirnmasse habe verletzen wollen, und dass er leider nicht das ganze Tumormaterial entfernt habe. Es sei auf der Bildgebung klar erkennbar, dass es ganz wenig Restgewebe gebe. Dennoch sei er sehr optimistisch, er sagt, dass er diese Operation jederzeit wiederholen könne. Das bedeutet, dass es auch bei einem nächsten Eingriff keine zu erwartenden Komplikationen geben sollte. Auf meine Frage, ob Severin jetzt in die Reha müsse, antwortet er ganz klar, dass er nichts sehe, was eine Reha begründe. Severin dürfe, sobald die Wunde sauber verheilt sei, wieder alles machen, was er bisher gemacht habe. Keine Einschränkungen, er könne seinen über alles geliebten Job weiter ausüben.

Es ist einfach nur großartig. Severin ist geheilt und das Einzige, was an diese Geschichte erinnern wird, ist die Narbe, welche aber von den Haaren verdeckt wird. Es hat sich gelohnt, es hat sich so was von gelohnt. Wir sind einen sehr eigenen Weg gegangen, haben jedes Kopfschütteln von Mitmenschen ignoriert. Wir sind den Zeichen gefolgt, haben alles, was uns die Energie aufgezeigt hat, so gut es ging, gelöst, haben dem Flüstern unserer Seelen gelauscht und jetzt diese wunderbare Nachricht. Halleluja …

Der Arzt sieht sich die Narbe an, sie sieht zufriedenstellend aus. An zwei, drei Stellen ist sie noch nicht ganz trocken, da bittet er uns, geduldig zu sein, der Abheilung mehr Zeit zu geben. Er möchte Severin in drei Wochen nochmal sehen. Sollte sich etwas verändern, könnten wir jederzeit anrufen und wir bekämen einen früheren Termin. Vorerst entlässt er uns guten Mutes. Ich bin ja wirklich nicht auf den Mund gefallen, doch mir fehlen die Worte, vielleicht, weil es in so einem Moment keine passenden Worte gibt. Also sage ich einfach nur: »Vielen, vielen Dank für alles, was Sie für uns und für Severin getan haben.« Dieser Arztbesuch hat unsere Erwartungen bei weitem übertroffen. Es fällt mir eine riesengroße Last von den Schultern und ich durchlaufe einen Gefühlsmarathon: Dankbarkeit, Demut, Freude, Erleichterung, Hoffnung, Glückseligkeit. Jeder Moment der vergangenen Monate hat sich ausgezahlt. Severin strahlt wie ein Honigkuchenpferd. Heute ist es eine besonders große Freude, die Familie, Freunde und Arbeitgeber zu informieren, alle werden sich mit uns freuen. Dieses Jahr haben wir unser Weihnachtsgeschenk vorzeitig bekommen und es ist unbezahlbar. Als Severin und ich im Auto sitzen, stellen wir uns die Frage, wie wir uns entschieden hätten, wenn wir gewusst hätten, dass der Arzt diesen Eingriff so noch nie ausgeführt hätte? Wir sind beide nachdenklich, doch letzten Endes sind wir uns einig, wir hätten es mit höchster Wahrscheinlichkeit gewagt. Im Nachhinein kann man das gut sagen, doch dieses Risiko wäre der Preis gewesen, damit Severin der Schläfenlappen erhalten bliebe. Alles richtiggemacht. Jetzt verstehe ich auch die erneute Bildgebung nach dem Gespräch.

Meistens kommt es anders, als man denkt

Martin, Jasmin und Patrice sind über diese Neuigkeiten auch total erstaunt, dankbar und glücklich. Severin ruft seinen Arbeitgeber an und teilt ihm die frohe Botschaft mit. Anders ist es bei Jasmin, bei ihr will und will es einfach nicht besser werden. Endlich ist es so weit, wir können zum vereinbarten Termin nach St. Gallen und der Arzt wird sie erneut untersuchen. Sie ist mittlerweile so weit, dass sie einer Operation liebend gerne zustimmen würde. Von der heutigen Untersuchung versprechen wir uns viel, weil es wirklich nur besser werden kann. Als Erstes müssen wir zum Röntgen. Dieser Wartebereich ist eher unpersönlich, doch es dauert nicht lange, bis Jasmin von einem freundlichen Pfleger abgeholt wird. Danach bringt er uns ins Vorzimmer des zuständigen Arztes. Hier heißt es einmal mehr, zu warten. Mittlerweile kann ich gar nicht mehr sagen, wie oft ich in den letzten Wochen gewartet habe. Ein wahres Training an Geduld. Die Arztgehilfin bittet uns, ihr zu folgen. Sie bringt uns in ein kleines Zimmer ohne Fenster. Eine Liege, drei Stühle, ein Tisch mit Computer, eine kleine Garderobe sowie eine Leuchtwand, an der man die Röntgenbilder anschauen kann, zieren den Raum. Wir schauen uns um und schon kommt ein schätzungsweise 38-jähriger Arzt zu uns ins Zimmer. Er hat welliges, dunkles Haar, welches er etwas länger trägt. Die dunkelbraune Hornbrille verleiht ihm den Ausdruck eines Studierten. Er kennt Jasmin und die Krankengeschichte noch nicht. Er stellt uns die notwendigen Fragen, schaut sich den Bruch an und versteht, dass es schmerzt. Er kann die Röntgenbilder vom Computer auf die Leuchtwand senden, so können wir sie gemeinsam betrachten. Man kann deutlich erkennen, dass die beiden Schlüsselbeinteile übereinanderliegen. Es ist vergleichbar mit dem Bild von angerichtetem Holz in einer Feuerschale. Es ist jedoch auch ersichtlich, dass die Knochen bereits wieder miteinander verwachsen. Er erklärt uns, dass es nicht mehr lange dauere und die Schmerzen seien vorbei. Da der Bruch relativ unsauber sei, seien die Knochenenden spitz und das verursache diese großen Schmerzen. Bis es sauber abgeheilt sei, stächen sie bei den entsprechenden Bewegungen direkt in die Muskulatur. Ja, man könne operieren, er rate uns jedoch davon ab, da wir die Knochen bereits neu brechen müssten. Die Option der Operation stehe uns auch zu einem späteren Zeitpunkt zur Verfügung. Wenn Jasmin später Beschwerden haben sollte, müsste man die Knochen ebenfalls brechen, er würde jedoch den Heilungsprozess abwarten und schauen, ob es überhaupt notwendig sei.

Dies ist eigentlich ein guter Bescheid, doch ganz glücklich sind wir nicht mit der Situation. Ich frage ihn, ob es nichts ausmache, dass das natürliche Gleichgewicht verschoben worden sei. Es sei ja mit bloßem Auge erkennbar, dass die linke Schulter viel schmaler sei durch diese Verletzung. Ich habe Bedenken, dass die Rückenmuskulatur das sehr schlecht ausbalancieren kann. Genau solche Geschichten führen bei meinen Klienten zu chronischen Verspannungen. Er versteht meine Einwände, dennoch bittet er uns um Geduld. So vereinbaren wir, noch abzuwarten, verabschieden uns und fahren leicht unbefriedigt nach Hause. Haben wir wirklich gedacht, dass dieser Arztbesuch die Lösung bringt? Meistens kommt es anders, als man denkt. Wir schauen es uns natürlich auch aus dem energetischen Blickwinkel an. Doch einen gebrochenen und verschobenen Knochen kann man ohne Operation definitiv nicht in die ursprüngliche Form zurückbringen. Die Psychosomatik liegt auf der Hand und kann von Jasmin gut angenommen werden. Es geht um die Kraft der Gedanken: Ich würde mir am liebsten ein Bein brechen, damit ich Severin im Krankenhaus besuchen kann. Sie war im Haus drei, er im Haus vier, also musste sie ihn besuchen und sie brach sich ein Bein, nämlich das Schlüsselbein. Die Traumatisierung der Meningokokkenmeningitis, als ihr die Ärztin sagte, sie müsse brav sein, Severin sterbe und für Mami und Papi komme eine schlimme Zeit, greift ebenfalls. Severin ist krank, er hätte am Tumor sterben können. Wir wussten ja anfangs wirklich nicht, ob der Tumor bösartig ist und ob er wuchern wird. Also bedeutete das logischerweise für Jasmin, dass sie schön brav unsere Bedürfnisse über ihre stellte. Das dient ihr jedoch nicht mehr. Es wäre jetzt wichtig, dass sie mitteilt, wie es ihr geht und was sie wirklich braucht. Die Psychosomatik zeigt, dass sich Jasmin nicht erlaubt, sich in dieser Situation etwas zu nehmen, deshalb muss sie krank sein, damit ihr Schmerz gesehen wird. Es ist nicht verwunderlich, denn dazu kommt, dass ich ihr als weibliches Vorbild nichts anderes vorgelebt habe.

Wir besprechen das Miteinander und versprechen uns gegenseitig, gleichzeitig daran zu arbeiten. Solche Prägungen sitzen tief, das Aussteigen erfordert Disziplin und viel Geduld. Einmal geht es, ein anderes Mal übersieht man es wieder und erkennt es erst danach. Doch auch da geschieht schon Heilung, bereits das Erkennen des Musters ist ein Heilschritt. Darauf folgen das Umsetzen und die Bereitschaft, alle zugehörigen Gefühle zu fühlen. All diese kleinen Schritte machen letztendlich den Heilungsweg aus. Ich vergleiche das mit dem Erlernen einer Fremdsprache, erst lerne ich die Worte, danach das Zusammensetzen der Worte und dann die Grammatik. Das braucht Zeit, man macht Fehler, doch mit der Zeit spricht man fehlerfrei, ohne dass man lange überlegen muss.

Weihnachten

Endlich ich habe meine Praxis wieder geöffnet, ich lege einfach alle Termine um die Arzttermine herum. Es tut mir gut, wieder etwas Normalität in meinem Alltag zu haben. Meine Kunden erzählen vom bevorstehenden Weihnachtsfest, was auch mich inspiriert, dieses Jahr ein besonders schönes Fest vorzubereiten. Unser Wohnzimmer liegt im Dachgeschoss unseres Hauses, die Balken sind sichtbar und die massiven Nussbaummöbel hat Martin alle selber gemacht. Er arbeitete früher als Schreiner. Ich war ursprünglich Innendekorationsnäherin und es ist mir noch heute ein großes Anliegen, dass unser Haus sehr liebevoll eingerichtet ist. Im Sommer ist alles in Gelb und Grün gehalten und im Herbst tausche ich die gelben Vorhänge und Kissen gegen die weinroten aus. In der Adventszeit kann es nicht genug glitzern, silberne Kugeln, Kerzenständer, Engel und überall Tannenzweige. Der große sternförmige Adventskranz ziert den Salontisch. Noch nie haben Adventskranzkerzen so oft und lange bei uns gebrannt wie in dieser Adventszeit. Seit die Kinder arbeiten, ist es manchmal leer und ruhig im Haus. Früher, als sie noch klein gewesen sind, ist das ganz anders gewesen, wir haben immer ein mit viel Leben gefülltes Haus gehabt. Es ist also schon eine ganze Weile her, dass unsere Stube über so viele Stunden bewohnt worden ist.

Das Einzige, was für Weihnachten noch fehlt, ist die 2,60 Meter hohe Nordmanntanne. Ich bitte Martin, diese bei seinem Bekannten zu bestellen. Die Weihnachtsgeschenke sind in diesem Jahr zweitrangig. Dennoch besorge ich diese mit viel Liebe. Kundengeschenke für den Markt und die Praxis habe ich schon Anfang August bestellt. In der Praxis verschenke ich dieses Jahr Duschmittel, sie sind schon weihnachtlich eingepackt bei der Lieferung. Ich bin froh, dass ich das dieses Jahr nicht selber machen muss, so kann ich die gewonnene Zeit für anderes einsetzen. Für die Marktkunden gibt es dieses Jahr Holzkellen. Ich habe diese über die vergangenen Wochen immer wieder zwischendurch verpackt. Auf jede Kelle zwei Schokoladenkäfer aufkleben, Dankesbriefe einrollen und mit rotem Bast an den Kellen befestigen, 1500 Stück. Solche Arbeiten bereiten mir Freude, sie haben einen meditativen Touch. Es ist mir ein großes Bedürfnis, den Kunden auf diese Art danke für ihre Treue zu sagen. Für unsere Angestellten kaufe ich Restaurantgutscheine von einer Kundin. Ich finde es schön, wenn sie mit ihren Männern auswärts essen und sich verwöhnen lassen können. Seit ein paar Jahren frage ich die Kinder direkt, was sie sich wünschen, so kann ich allfällige Enttäuschungen vermeiden. Für Martin kaufe ich ein schönes Hemd und passendes Jäckchen. Wie jedes Jahr kommen die Schwiegereltern und meine Eltern am Weihnachtsabend zu uns, um mitzufeiern. Ihnen habe ich allen einen Pyjama gekauft.

Martin hat sich übertroffen und einen wunderschönen Baum besorgt, er hilft mir schon am 22. Dezember beim Aufstellen. Dekorieren ist mein Part, den gebe ich nicht gerne aus der Hand. Das Schmücken des Baumes dauert jedes Mal mindestens drei Stunden. Dafür nehme ich mir am 23. Dezember Zeit. Ich höre wie gewohnt Weihnachtsmusik, setze die Kerzen an ihre Plätze, binde Maschen, platziere die verschiedenen Kugeln und Vögelchen, verteile das Lametta und zum krönenden Abschluss hänge ich die Schokolade zwischen all diesen glitzernden Baumschmuck. Am Weihnachtstag sind die Menschen auf dem Markt sehr herzlich, auch wenn sie wenig Zeit mitbringen. Um die nötige Ruhe zu haben, nehmen wir an diesem Tag immer mehr Verkäufer mit. Ich werde ebenfalls mitgehen, deshalb richte ich schon heute alles, was ich kann, für das bevorstehende Fest. Den Tisch eindecken, da überlasse ich ebenso nichts dem Zufall. Die rote Tischdecke, der silberne Tischläufer, die braunen Sets, das schöne Geschirr und Besteck, weihnachtliche Servietten, bei jedem Tischset am oberen linken Eck eine Glaskrone mit einer weißen Christrose darin und natürlich Kerzen, so weit das Auge reicht. Bevor ich zu Bett gehe, blicke ich mich um und habe richtig Freude beim Anblick dieser Weihnachtsidylle. Jetzt bin ich müde, lege mich ins Bett, bin sehr zufrieden und erfüllt von Vorfreude auf den morgigen Weihnachtstag. Um halb fünf klingelt der Wecker, es ist Zeit, aufzustehen, ich habe mir zehn Minuten eingeplant, um etwas Kleines zu frühstücken. Wie gewohnt fahren die zwei Verkäuferinnen der späteren Schicht mit mir zur Arbeit. Es ist ein ungewöhnlich milder Weihnachtstag. Vom erhofften weihnächtlichen Schnee ist weit und breit nichts zu sehen. Für unser Geschäft ist das besser so, es ist jedes Mal eine Herausforderung, die frischen Produkte vor der Kälte zu schützen. Heute brauchen wir ja für die Geschenke zusätzlich Platz und das wird bei Minustemperaturen immer zum großen Problem. Der weihnachtliche Zauber wird so jedoch recht klein gehalten. Gott sei Dank kommen die Schüler mit ihren lauten Instrumenten und musizieren, so laut sie können. In Winterthur ist das ein Brauch, sie feiern das Schulsilvester immer schon am letzten Schultag vor den Weihnachtsferien. Das hilft, die Besonderheit dieses Tages zu unterstreichen. Wie erhofft, kommen unsere Kunden auch dieses Jahr sehr zeitig, um ihre Einkäufe zu tätigen. Sie freuen sich sehr über unser Präsent und von manch einem Kunden bekommen sogar wir ein Geschenk. Feine, selbst gebackene Kekse, Wein und eine Stammkundin bringt uns einen fantastischen Kuchen. Nach halb elf ist das Hauptgeschäft gelaufen, ich hole für alle im Restaurant gegenüber Kaffee, wir schneiden den Kuchen auf und machen eine kurze Pause, bevor wir alles zusammenräumen. Dies ist der Moment, auf den ich mich besonders gefreut habe. Jetzt verteile ich an alle Angestellten ihre Geschenke und bedanke mich für die tolle Zusammenarbeit und ihren unermüdlichen Einsatz. Dankbar über dieses großartige Weihnachtsgeschäft machen wir uns auf den Weg nach Hause. Auf der Heimfahrt erzählen wir uns gegenseitig, wer was kocht, wer wen zu Besuch hat, verraten einzelne Geschenke und die feierliche Stimmung wird bereits deutlich spürbar.

Dieses Weihnachtsfest ist äußerlich exakt gleich zu den vorherigen. Doch irgendwie ist nichts mehr, wie es war. Die letzten Monate haben mich ruhiger gemacht. Es ist, als wenn ich die Dinge neu gewichtete. Dankbarkeit erfüllt den Raum, die Vergänglichkeit ist mir so bewusst geworden, es ist absolut nicht selbstverständlich, dass wir alle gesund beisammensitzen. Dass wir die von mir liebevoll zubereiteten Vorspeisehäppchen und den dazu passenden Weißwein gemeinsam genießen können, empfinde ich als Wunder. Heute stoßen wir darauf an, dass wir alle gesund sind und hier zusammenkommen dürfen. Das Raclette schmeckt ausgezeichnet, besonders weil wir es das erste Mal genießen seit dem letzten Winter. Unsere Kinder wünschen sich immer dieses Menü für Weihnachten. Alle sind beschäftigt damit, selber zu kochen, jeder kann sich nehmen, was ihm/ihr schmeckt. Während wir schlemmen, haben wir alle Zeit der Welt, miteinander zu sprechen. Im Hintergrund läuft leise Weihnachtsmusik. Nichts scheint diese Harmonie trüben zu können. Severin stellt wie jedes Jahr die Frage: Dürfen wir jetzt die Geschenke auspacken? Alle schmunzeln und erinnern sich an früher. Das war damals die Frage aller Fragen. Eine Weihnacht wie aus dem Bilderbuch neigt sich dem Ende entgegen. Ein Abend, der mich ganz viel Kraft tanken lässt. Zum Glück weiß ich nicht, dass ich diese Kraft schon sehr bald benötigen werde.

Neues Jahr, neue Herausforderung

Die Zeit zwischen Weihnachten und Neujahr ist immer mit sehr viel Büroarbeit behaftet. Beide Jahresabschlüsse vorbereiten, sodass ich im Januar neu motiviert starten kann. Jasmin und Severin sind immer noch zu Hause. Die Schmerzen von Jasmin haben nachgelassen, was mich sehr freut. Sie kann im neuen Jahr mit Physiotherapie starten. Die Narbe von Severin sieht ziemlich schön aus, jedoch nur größtenteils, denn sie hat zwei, drei Stellen, die einfach nicht abtrocknen wollen. Er ist absolut schmerzfrei, der Kaumuskel ist noch nicht ganz der Alte, was sich beim Essen ab und zu bemerkbar macht. So weit scheint alles nach Plan zu verlaufen.

Für Silvester haben die Kinder eigene Pläne. Alle treffen sich in irgendeiner Form mit Freunden. Martin und ich haben uns mit drei weiteren Paaren für ein Esstheater verabredet. Mein Bruder ist Theaterpräsident und seine Gruppe bietet jedes zweite Jahr ein Esstheater an. So auch dieses Jahr. Mir gefallen diese Abende immer sehr, das Theater wird auf hohem Niveau vorgetragen und das Essen ist eine wahre Gaumenfreude. Ich bevorzuge immer die Silvesteraufführung, weil das Programm bis um Mitternacht geht. Der Abend ist so wunderbar ausgefüllt, das Essen ist dem Anlass würdig und ich treffe nebst Freunden meist fast die ganze Familie. Wir alle wissen die Kombination dieses Anlasses mit Silvester sehr zu schätzen. Dieses Jahr führen sie das Stück »Drei plus Eins gleich Halleluja« auf. Ein lustiges Theaterstück, umrahmt von einem wahrlich exzellenten Essen, und die Anwesenheit meiner Lieblingsmenschen setzt dem Ganzen die Krone auf. So verabschieden wir das alte Jahr, blicken auf eine sehr intensive Zeit zurück und freuen uns auf alles, was das neue Jahr bringen wird. Kurz vor Mitternacht wird Sekt kredenzt und pünktlich um zwölf erheben sich alle Besucher, um anzustoßen. Diesen Moment genieße ich sehr, weil ich immer viele Menschen, die hier sind, kenne und manche davon lange nicht mehr gesehen habe. Ein würdiger Abschluss des alten Jahres und ein traumhafter Start ins neue Jahr.

Es ist der erste Januar 2012, heute bleiben wir länger liegen, es ist bei uns allen spät geworden. Ich koche Pastetli mit Zürichgeschnetzeltem, Erbsen mit Karotten und vorher noch einen Nüsslisalat, ausgarniert mit gehackten Eiern. Wir wollen als Familie auf das neue Jahr anstoßen und wünschen uns gegenseitig viel Gesundheit und Glück. Für Patrice wird das ein ganz spezielles Jahr werden, da die Schulzeit endet und er ins Berufsleben einsteigen wird. Das bedeutet auch für mich eine große Veränderung. Er ist unser jüngstes Kind, somit endet für mich die Zeit, in der die Kinder zur Schule gehen. Jasmin und Severin freuen sich darauf, wieder fit zu sein und arbeiten zu dürfen, und ich freue mich auf mein Leben in der sogenannten Normalität. Martin ist bereits wieder in seinem Alltag angekommen. In vier Wochen ist unser geplanter Skiurlaub, immer steht noch nicht fest, wer wie daran teilnehmen wird.

Der Winter hält Einzug, es schneit heftig. Der Blick aus dem Fenster zeigt mir eine glitzernde weiße Landschaft. Heute gehen Martin und ich spazieren. Bei jedem Schritt knirscht der Schnee unter unseren Schuhen. Ich bin eingehüllt in warme Kleider, da ich überhaupt nicht kältetauglich bin. Dennoch verfalle ich diesem Winterzauber. Der Wald sieht aus, als wenn er mit ganz viel Puderzucker bestäubt worden wäre, die Wiese liegt verborgen unter dem Schnee. Von weitem sieht es aus, als wenn die ganze Landschaft unter einer Decke aus Watte verborgen liegt. Während wir so gehen, frage ich mich, was wohl alles unter dieser Schneedecke versteckt ist. Es ist genau wie bei der Geschichte mit dem Tumor, es sieht so schön aus, doch was verbirgt sich darunter? Wenn wir nicht ganz bewusst hinschauen, werden wir nie sehen, was sich da versteckt. Jetzt sehe ich Schnee, wo sonst Waldwege sind, doch was verbirgt sich unter dem Laub, unter den Steinen auf dem Weg? Trete ich gerade auf ein Tier, gibt es unter dem Schnee eine Eisbrücke oder gar Hundekacke? Erst wenn wir ganz achtsam und bewusst des Weges gehen, wird es uns möglich sein, mehr zu erkennen, als auf den ersten Blick sichtbar ist. Das ist eine weitere Erkenntnis, die ich mitnehme aus unserer Geschichte. Langsamer gehen, genauer hinschauen und den Fokus auf das Wesentliche richten. Mir ist klar, dass dies nicht nur hier für den Weg gilt, sondern eine neue Sichtweise für mein Leben bedeutet. Noch tiefer schauen, ganz genau hinschauen, auch wenn etwas Angst macht, dann sogar erst recht. Wir verschwenden so viel Energie beim Wegdrücken von Gefühlen, beim Wegschauen, Davonlaufen und Anpassen. Ich frage mich genau in diesem Augenblick, ob ich wieder dahin zurück möchte, wo wir vor der Tumordiagnose standen. Meine Antwort ist ein klares Nein. Wir sind als Familie so fest daran gewachsen, es hat uns einander nähergebracht und trotzdem sind wir als einzelne Personen irgendwie freier geworden. Ich frage mich, ob ich diese Zeit noch einmal durchlaufen möchte und auch das beantworte ich mit nein. Dennoch bin ich dankbar für diese schöne Veränderung. Die größte Krise beinhaltet gleichzeitig immer die größte Chance. Wenn ich etwas verstanden habe, dann ist es, dass Seelen krisenresistent sind. Es geht immer nur darum, was wir daraus machen. Wohin wir den Fokus lenken. Wir haben die Weichen immer auf Heilung gestellt. Genau in diesem Moment wird mir das bewusst. Wenn der Gedanke an bösartigen Krebs in mir auch manchmal angeklopft hat, so habe mich sofort wieder auf die Suche nach Heilung konzentriert.

Am vierten Januar hat Severin eine Nachuntersuchung in der Neuropsychologie. Er muss denselben Test wie vor der Operation machen. Sie wollen überprüfen, wie sich die Werte nach der Operation verändert haben. Heute sind wir sehr entspannt, wir wissen, was uns erwartet, und es spricht alles dafür, dass das Ergebnis identisch sein wird mit dem vorangehenden. Wie beim ersten Mal habe ich ein Buch dabei und warte, bis Severin fertig ist. Heute kann ich mich auf dessen Inhalt konzentrieren, da ich mich auf der sicheren Seite wiege. Direkt im Anschluss findet die Besprechung statt. Wie erhofft kann der Arzt keine Veränderung zum ersten Testergebnis erkennen. Das freut uns alle sehr, auch der Arzt ist mehr als erstaunt. Ein weiterer Stein, der mir von den Schultern genommen wird. Voller Freude und Dankbarkeit machen wir uns auf den Heimweg.

Es ist der elfte Januar und die Kontrolluntersuchung Severins bei seinem Arzt steht an. Bei schönstem Winterwetter fahren wir in die Klinik und suchen den neunzehnten Stock in Haus vier auf. Diesen Weg sind wir schon oft gegangen. Doch so leicht wie heute hat er sich noch nie angefühlt. Wie gewohnt holt uns der Arzt ab und wir folgen ihm ins Untersuchungszimmer. Er fragt nach, wie es ihm ginge, und ist mehr als zufrieden mit dem, was er hört. Er schaut sich die Narbe an, und ich sehe seinen kritischen Blick. Was genau hat das zu bedeuten? Er presst die Lippen aufeinander und sein sonst so entspanntes Gesicht verrät mir schon jetzt, dass das keine guten Nachrichten bedeutet. Ich merke, wie ich trotz der kalten Jahreszeit zu schwitzen beginne, der Nacken spannt sich an und meine Hände werden feucht. Severin sitzt noch völlig unbekümmert da, denn er kann nicht in das Gesicht von dem Arzt sehen, da er sitzt und der Arzt ganz nah bei ihm steht. Der Arzt. setzt sich wieder, er räuspert sich und beginnt zu sprechen. Die Narbe sehe nicht gut aus. Diese verkrusteten Stellen müssten jetzt schon länger sauber sein. »Es tut mir sehr leid, wir müssen das nochmal öffnen.«

Stille, der Raum scheint sich kurz zu drehen. Bitte nicht noch einmal, ich will das nicht. Auch Severin ist für einen kurzen Moment schockiert. Der Arzt spricht ruhig weiter, er sagt, er wisse nicht, wie tief das Gewebe betroffen sei, er müsse die Narbe unbedingt nochmal öffnen und alles entfernen, was die Wundheilung verhindere, bevor der Infekt wirklich Schaden anrichte. Das heißt, nochmals zu operieren, unklar, wie groß die Operation sein werde. Bestenfalls handele es sich nur um eine kleine Ausschabung des Narbenmaterials, schlimmstenfalls entferne er auch noch das restliche Tumorgewebe. Das entfernte Material werde dann von den Infektiologen untersucht, damit die nachfolgende Behandlung gezielt festgelegt werden könne. Erstens kommt es anders und zweitens als man denkt. Genau diese Aussage bringt es jetzt auf den Punkt. Wir haben damit gerechnet, dass wir für die Narbenpflege noch etwas brauchen, nicht eine erneute Operation und vielleicht sogar einen großen Eingriff. Diese Nachricht ernüchtert mich und schockiert mich gleichzeitig. Es ist nicht so, dass ich genauso viel Angst habe wie beim ersten Mal. Ich habe mich einfach schon in Sicherheit gewägt und darauf vertraut, dass wir das Schlimmste überstanden haben. Der Arzt gibt uns am kommenden Donnerstag, das ist sein Operationstag, den Termin für den Eingriff. Er spricht uns Mut zu und erklärt einmal mehr, dass er für weitere Fragen jederzeit telefonisch erreichbar sei. Wir verabschieden uns, heute gehen wir mit gesenkten Köpfen nach Hause.

Auf dem Weg zum Auto beobachte ich Severin, ich frage ihn, wie es ihm gehe. Er ist gerade sehr frustriert und entmutigt. Zu gut erinnert er sich an den ersten Eingriff. Das Schlimmste war, dass er ohne Schmerzen ins Krankenhaus eintrat und mit Schmerzen aufwachte. Das ist gerade keine schöne Vorstellung. Die Erinnerung ist noch zu frisch. Wie gut ich ihn verstehen kann. Mir geht es ähnlich. Auch wenn wir diese Zeit mit Bravour gemeistert haben, heißt das nicht, dass wir es einfach so nochmal schaffen. Ich habe gehofft, dass wir den Tumor im alten Jahr zurückgelassen hätten.

Auf der Heimfahrt hören wir Radio und jeder hängt seinen Gedanken nach. Langsam setzt sich der Schock und ich kann wieder klarer denken. Ich ergreife als Erste das Wort und erkläre Severin, dass wir jetzt nicht vom Schlimmsten ausgehen dürften. Es bestehe ja die Möglichkeit, dass es nur ein kleiner Eingriff werde. Ich sage ihm aber auch, dass ich sehr erschrocken sei. Wir würden das schaffen, so kurz vor dem Ziel gäben wir bestimmt nicht auf. Als wir zuhause die neue Botschaft verkünden, verschlägt es allen für einen Moment den Atem. Das ganze Prozedere nochmal. Wir entscheiden uns jedoch, gemeinsam optimistisch zu sein. Der Arzt hat uns mehr als bewiesen, wie gute Arbeit er leistet. Ihm ist es ein großes Anliegen gewesen, diese Operation selber zu machen und das lässt uns hoffen. Er ist wirklich eine Koryphäe in seinem Bereich. Eine Narbe, die eitert, ist doch nicht so bedrohlich wie ein Tumor. Natürlich verunsichert uns diese Nachricht der zweiten Operation, das darf so sein. Doch wir haben jetzt schon viel geschafft, also werden wir auch diesen Schritt gemeinsam gehen. Dann gibt es da die Möglichkeit, dass schlimmstenfalls sogar das Restgewebe des Tumors entfernt würde, das wäre ja eigentlich positiv. Mit diesem neuen Gedankengut haben wir uns ein Fundament geschaffen, auf dem sich aufbauen lässt. Ich merke, wie sich die Lage stabilisiert, und bin dankbar, dass ich den Boden unter meinen Füßen wieder spüren kann.

Blick über die Klippen

Severin ruft seinen Arbeitgeber an und teilt ihm mit, dass er eine weitere Operation benötigt. Dieser ist nach all unseren guten Nachrichten auch sehr erstaunt. Was ich aber sagen muss, er ist sehr verständnisvoll und gibt Severin Raum und Zeit für die Heilung. Das ist eine große Erleichterung für uns. Ich erinnere mich an die Erkenntnis des Schneespaziergangs. Auch wenn der große Sturm vorüber scheint, gilt es, ein weiteres Mal ganz tief zu blicken. Dieses Mal wage ich einen Blick über die Klippe, in die Tiefe des tobenden Meeres. Ich erinnere mich an das Gefühl, wenn ich oben auf den Klippen stehe. Der Wind weht durch mein Haar, der Kopf wird frei, es fühlt sich an, als wäre ich das Verbindende zwischen Himmel und Abgrund. Der Himmel wäre zum Greifen nah, wenn die Energie des Aufschlagens der Wellen an die Felsen nicht permanent an die bestehende Gefahr erinnern würde. Was verbirgt sich da, wovor habe ich solche Angst, dass sich diese Krankenhauserfahrung noch einmal wiederholen muss? Es geht um das Gesetz der Resonanz, wie im Innen so im Außen. Was braucht das System noch, dass es heilen darf? Was ist die größte Angst, geht es etwa darum, dass die Energie überprüft, ob ich wirklich die Kontrolle loslassen kann? Dass ich anders als bei der ersten Operation nicht mehr die ganze Zeit vor Ort sein soll? Das war doch die Abschiedsbotschaft des letzten Krankenhausaustritts. Umgesetzt habe ich das noch nicht wirklich. Ja, ich habe es erkannt. Ich bin nach Hause gefahren, doch am folgenden Tag war ich schon wieder sehr früh im Krankenhaus. Natürlich mit der Ausrede, dass Jasmin ihre Kleider und die Duschsachen brauchte. Aber ganz umgesetzt habe ich das nicht.

Das wäre mein Anteil, was aber wäre der Anteil Severins? Was bedeutete es, wenn ich nicht immer in der Klinik wäre? Er müsste selber Verantwortung übernehmen. Er müsste sich bei der Schwester melden und sagen, dass er Hilfe bräuchte. Er müsste die Zeit auf seine eigene Art und Weise überbrücken. Es wäre definitiv unangenehmer für ihn. Was könnte der Gewinn für ihn sein aus diesem Schritt? Wenn ich das so betrachte, sehe ich, dass es für Severin im Krankenhaus fast angenehmer ist als zu Hause. Ich lese ihm jeden Wunsch von den Augen ab. Rein energetisch erzeugt das die für ihn sehr ungesunde Verknüpfung, dass das Krankenhaus toll ist und er dort all seine Wünsche erfüllt bekommt. Genau diese Verknüpfung wird im Innen abgespeichert und sie wird ihm im Außen immer und immer wieder präsentiert, bis er sie versteht und auflösen kann. Welche neue Abspeicherung würde ihm denn dienen? Das Krankenhaus darf grundsätzlich positiv und mit Heilung behaftet sein, es darf aber auch einen Anteil beinhalten, dass man gut auf sich achten soll, weil man nicht unbedingt scharf auf Krankenhausaufenthalte ist. Langsam ergibt das Ganze Sinn. Wenn ich also nicht mehr alles kontrolliere, lernt Severin, Verantwortung für sich zu übernehmen. Er darf die Erfahrung machen, dass es nicht unbedingt angenehm ist im Krankenhaus. Was wiederum bedeutet, dass er die Risiken in seinem Leben neu einzuschätzen lernt. Könnte das der Schlüssel sein?

Auf in die zweite Runde!

Ich passe den geeigneten Zeitpunkt ab, um mit Severin zu sprechen. Es sind noch drei Tage bis zur geplanten zweiten Operation. Severin kommt am Mittag zu mir in die Küche. Ich koche. Heute gibt es Lasagne mit Endiviensalat. Die Fleischsoße sowie die Béchamelsoße sind fertig abgeschmeckt, die Spinatlasagneblätter und der Reibekäse liegen bereit, das bedeutet, dass ich die Lasagne nur noch in die Form einschichten muss. Severin schaut mir über die Schultern und findet, dass es sehr lecker riecht. Es bereitet mir Freude, wenn die Kinder bei mir sind, wenn ich koche. Oft führen wir in diesen Momenten gute Gespräche. Diesen Moment empfinde ich als passend für das anstehende Gespräch. Ich frage ihn, ob er bereit sei für den zweiten Eingriff. Er sagt, er sei schon bereit, es sei nur so, dass er keine Lust darauf habe. Ich sage ihm, dass es mir ähnlich ergeht. Ich frage ihn, ob er den möglichen Sinn hinter dieser zweiten Operation sehen könne? Er verneint und fragt mich, ob ich verstehe, wieso. »Ja, Severin, ich glaube, ich verstehe es sehr gut. Es ergibt absolut Sinn, dass wir nochmal durch diese Situation gehen müssen. Ich habe bei der ersten Krankenhauserfahrung etwas ganz Wesentliches noch nicht verstanden. Ich darf für dich da sein, es ist jedoch nicht mein Auftrag, die ganze Zeit alles zu kontrollieren und nicht mehr von deiner Seite zu weichen. Ich muss lernen, loszulassen, die Verantwortung auch an dich abgeben. Du kannst selber sprechen, die Schwestern, Pfleger und Ärzte im Krankenhaus sind alle sehr nett und kompetent. Ich darf darauf vertrauen, dass du gut nach dir schauen kannst, dass du nach Hilfe rufen kannst, und nicht zuletzt ist es wichtig, dass du das Krankenhaus nicht als zu positiv in Erinnerung behältst.« Ich erkläre ihm meine Erkenntnisse betreffend der Abspeicherung dieses Musters. Gleichzeitig sage ich ihm, dass das weitere Krankenhauserfahrungen anziehe. Wir beide hätten das noch so destruktiv abgespeichert. Anstatt dieses Muster noch zu verstärken, könnten wir daraus aussteigen.

Doch wie steigt man aus solch einem Muster aus? Erstens, indem es einem bewusst wird, zweitens indem man fragt, was man gerne als neue Realität hätte und drittens, indem man es ab sofort lebt. Was würde das in diesem Fall für uns bedeuten? Es ist meine Herausforderung, dieses Mal weiterzuleben, auch wenn Severin im Krankenhaus ist. Alle dazugehörigen Gefühle zu fühlen und Schritt für Schritt für mich in Verantwortung zu gehen. Severin muss sich überlegen, was er alles mit ins Krankenhaus nehmen will, damit ihm nicht langweilig wird, wenn er alleine dort ist. Auch er wird so weniger abgelenkt und wird den Gefühlen nicht mehr länger ausweichen können. Ich sage ihm, dass es wichtig sei, dieses Mal alles so zu durchlaufen, nur so stiegen wir aus dem ausgedienten Energiefeld aus. Wir schauen uns an und beschließen, dass wir es dieses Mal genauso machen werden.

Severin richtet seinen Koffer, seinen Laptop, Sudokuhefte, Spiele und sein Handyladegerät. Ich frage ihn, ob wir für noch etwas einkaufen müssten oder er alles habe. Neue Rätselhefte wären noch gut, also holen wir diese am Kiosk. Es ist Donnerstag, und das bedeutet, auf in die zweite Runde. Wir essen zu Mittag, nur Severin darf nichts mehr essen, da er nüchtern sein muss für den Eingriff. Er wird erst um etwa 16.00 Uhr operiert. Das heißt, dass wir nach dem Mittagessen losfahren. Alle verabschieden sich von ihm und wünschen ihm viel Glück. Jasmin arbeitet wieder, Patrice geht wie gewohnt in die Schule und Martin bereitet alles für den morgigen Markttag vor. Severin und ich sind bereit, er trägt seinen Koffer zum Wagen, hebt ihn auf den Rücksitz und wir fahren los. Im Krankenhaus kennen sie uns bereits sehr gut und auch dieses Mal werden wir sehr freundlich begrüßt. Severin bezieht sein Zimmer, es ist wieder ein Zweibettzimmer. Doch dieses Mal hat er einen sympathischen jungen Bettnachbarn, der ebenfalls eine Hirnoperation machen muss. Bei ihm setzen sie einen Minicomputer ein, der Funktionen ausführt, die das Hirn selber nicht mehr ausführen kann.

Ich hole mir einen Stuhl, welcher am Tisch beim Fenster steht, und setze mich noch zu Severin. Wir spielen Uno. Als die Schwester vorbeischaut, sage ich ihr, dass ich jetzt gehe. Ich bitte sie jedoch um einen sofortigen Anruf nach der Operation, da ich nachher nochmal vorbeikomme. Sie verspricht mir das und somit habe ich keinen Grund mehr, zu bleiben. Es fühlt sich ganz mulmig an. Ich überlasse den anderen das Feld gar nicht gerne, aber mir ist absolut bewusst, dass dieser Gedanke Blödsinn ist. Als ob ich etwas verändern könnte am Operationsausgang. Dennoch ist da dieses Gefühl, als ob es ohne mich nicht ginge. Ich erinnere mich an die Abmachung mit Severin und nehme ihn nochmal fest in die Arme und verspreche ihm, nach dem Eingriff wiederzukommen. Ich sage ihm, wie lieb ich ihn habe, drehe mich um und bewege meine Beine, welche gerade schwer wie Blei sind, in Richtung der Tür. Im Klinikgang bleibe ich kurz stehen, atme tief durch und frage mich, ob das wirklich richtig ist. Doch ich weiß es, dies ist jetzt der Weg und ich werde es schaffen. In einer Stunde soll die Operation stattfinden, bestenfalls ist Severin in zwei Stunden wieder auf seinem Zimmer. Dann hätten sie nur die kleine Variante der Operation gemacht. Ich entscheide mich, in die nahegelegene Shoppingarena zu fahren und ein wenig zu bummeln. Werde ich das schaffen? Wir haben schon so oft spontane Heilung erfahren, sobald wir die Energiedynamik verstanden und neu umgesetzt haben. Es ist immer wieder erstaunlich, wie sich alles innerhalb kürzester Zeit auflöst, sobald man aus dem Muster aussteigt. Das verschafft mir Mut und ich gehe tatsächlich zu meinem Wagen, öffne die Tür, stecke den Schlüssel ins Schloss, drehe ihn um und schon läuft der Motor. Ich lege den Rückwärtsgang ein, drehe die Musik auf und los geht die Fahrt.

Nachdem ich den Wagen im Parkhaus geparkt habe, stelle ich mein Handy auf laut, ich möchte ja den Anruf nicht verpassen. Ich steige aus und spaziere in Richtung der Rolltreppe. Direkt im Eingangsbereich befindet sich Ikea, dort möchte ich heute nicht hin. Deshalb fahre ich hoch in den ersten Stock. Hier befinden sich verschiedene Kleidungsgeschäfte, doch wenn ich ganz ehrlich mit mir bin, bereitet es mir nicht wirklich Freude, zu shoppen. Aber es geht ja gerade auch nicht um Freude, sondern um die Auflösung einer energetischen Blockade. Auch wenn ich gerade richtig gefordert bin, stelle ich mich dieser Challenge und stöbere durch diesen Laden und durch jenen. In einem Geschäft gibt es wirklich sehr tolle Jeanshosen. Zurzeit sind diese »knallfarbenen«, die man unten umkrempeln kann, und eine weitere Farbe zeigt sich, absolut in. Die knallgrünen mit dem türkisfarbenen Umschlag haben es mir angetan und ich raffe mich auf, sie anzuprobieren. Die Hose steht mir echt gut, doch ich bin alles andere als in Kauflaune. Ich muss es ja auch nicht übertreiben. So lege ich sie wieder in die Auslage zurück und schaue weiter, was angeboten wird. Ich bin erstaunt und gleichzeitig etwas stolz, dass ich das tatsächlich kann. Es gibt sehr schöne Kleidungsstücke und ich lasse mich ein wenig inspirieren. Heute bin ich mit dem Schauen zufrieden, viel zu oft wandert mein Blick auf die Uhr und meine Gedanken sind bei Severin. Ich hoffe fest, dass es nur den kleinen Eingriff braucht, ein Blick aufs Handy, es hat noch niemand angerufen. Mittlerweile ist es bereits Zeit fürs Abendessen. Da ich nicht einschätzen kann, wie lange es dauert, bis der ersehnte Anruf kommt, entscheide ich mich, eine Kleinigkeit zu essen. Ich gehe ins »Kuhn Back und Gastro«, hier isst man lecker. Dies ist gerade eine doppelte Premiere, normalerweise gehe ich nie alleine in ein Restaurant, zum Essen allein schon gar nicht.

Ich setze mich an einen der Hochtische ganz hinten links. Von hier habe ich einen schönen Überblick über das Restaurant. Ich liebe es, Menschen zu beobachten. Ob sie erkennen können, wie angespannt ich bin. Hat jemand eine Ahnung, dass gerade mein Sohn operiert wird? Kann man mir das ansehen? Aus lauter Gewohnheit nehme ich die Speisekarte und studiere das leckere Angebot. Mein Appetit hält sich in Grenzen, dennoch bestelle ich eine kleine Pizza mit Oliven, Schinken, Peperoncini, Salami, Mozzarella und Knoblauch. Zum Trinken bestelle ich ein leicht prickelndes Mineralwasser. Die Bedienung ist sehr freundlich und aufmerksam. Sie deckt meinen Platz ein, bringt die Pfeffermühle, spricht kurz über das Wetter und schon schenkt sie der älteren Frau am gegenüberliegenden Tisch ein herzliches Lächeln, dreht sich um und fragt nach, ob sie noch einen Wunsch habe.

Während ich auf das Essen warte, schaue ich aufs Handy, beobachte die anderen anwesenden Gäste und denke immer wieder an Severin. Ich höre Schritte hinter mir, rieche den herrlichen Duft einer Pizza und schon steht die sympathische Serviertochter mit meinem Essen da. Sie reicht es mir und wünscht einen guten Appetit. Ich bediene mich der Pfeffermühle und würze die Pizza zügig nach. Ich bereue die Wahl meiner Speise keinesfalls, die Pizza mundet ausgezeichnet. Während ich esse, blicke ich immer wieder zum Handy. Rein theoretisch könnte es jederzeit klingeln. Doch es bleibt stumm, und das ändert sich auch nicht, wenn ich es permanent anstarre. Als ich fertig gegessen habe, bitte ich um die Rechnung. Ich verabschiede mich und bin zufrieden mit mir. Es war wirklich eine große Herausforderung für mich, ganz bei mir zu bleiben, doch für heute reicht es. Rom wurde schließlich nicht an einem Tag erbaut. Ich entscheide, in das Krankenhaus zu fahren und nachzuschauen, ob Severin wieder auf seinem Zimmer ist. Er ist noch nicht da, ich setze mich an den Tisch, löse ein Rätsel und schon öffnet sich die Tür und Severin wird mit seinem Bett ins Zimmer geschoben. Das bedeutet, dass alles gut ist. Wie schön! Die Schwester sagt mir, dass sie nur den kleinen Eingriff hätten machen müssen und es so lange gedauert habe, weil sie mit den Operationsterminen im Verzug gewesen seien. Sie hätten das entfernte Material ins Labor geschickt, um zu schauen, wie sie weiter vorgehen würden. Es gebe Erreger, mit denen nicht zu spaßen sei, wenn sie einmal in der Wunde wucherten. Das ist für mich absolut nachvollziehbar. Severin ist noch ziemlich benebelt, doch ansprechbar. Ich frage ihn, wie es ihm gehe, und er sagt, es gehe ihm gut. Damit bin ich zufrieden und verabschiede mich wie besprochen. Ich sage ihm, dass ich am kommenden Morgen anrufe.

Zuhause warten alle gespannt auf die Nachricht, auch sie sind sehr froh über den erneut positiven Bericht. Martin ist müde vom heutigen Tag. Auch wenn er nicht dabei war, bedeutet das nicht, dass er sich keine Sorgen macht. Er hat alles für den morgigen Markttag vorbereitet, obwohl er weiß, dass im Januar nicht viel los ist. Die Wintermonate sind sehr zäh auf dem Markt, dieses Business ist extrem wetterabhängig. Dazu kommt, dass es ein sehr spärliches Inlandangebot gibt. Die Vorbereitung braucht jedoch fast genauso viel Zeit wie im Sommer, so kommt es, dass wir alles ineinander rechnen müssen, damit sich der Einsatz überhaupt lohnt. Ich bin unglaublich stolz auf ihn und seinen unermüdlichen Einsatz. Manchmal stelle ich mir die Frage, wie lange er das machen kann, wie lange er diesen Druck noch aushält. Es wird höchste Zeit für Urlaub. In zehn Tagen ist es so weit. Doch werden wir fahren können? Jasmin wird auf alle Fälle nicht auf die Piste dürfen, ihr Bruch ist noch zu wenig abgeheilt. Ein leichter Sturz könnte bereits verheerende Folgen haben. Jetzt kommt es ganz darauf an, wie lange Severin im Krankenhaus bleiben muss. Sichtlich erschöpft von diesem herausfordernden Tag gehe ich ins Bett. Ich schlafe unruhig, träume intensiv und schrecke immer wieder auf. In diesem Traum geht es darum, dass ich nicht laufen kann, obwohl ich so große Angst habe. Ich bin wie angewurzelt und an Bewegung ist gar nicht zu denken. Dann gibt es den anderen Teil: Ich habe alles für den Skiurlaub eingepackt und muss alles wieder auspacken, weil wir doch nicht reisen können. Solche Nächte hasse ich, ich fühle mich am Morgen wie erschlagen, von Erholung ist überhaupt nicht zu sprechen. Da helfen nur noch eine Wechseldusche und ein starker Kaffee. Um halb acht rufe ich Severin an und frage nach, wie es ihm heute Morgen gehe. Er sagt, ihm gehe es sehr gut, er habe auch keine großen Schmerzen. Das beruhigt mich sehr. Ich verspreche ihm, dass ich ihn am Nachmittag besuchen werde. Nachdem ich ihm einen guten Morgen gewünscht habe, legen wir auf.

Ich habe um acht eine Kundin eingeschrieben und freue mich sehr auf sie. Ich höre das Knattern der weißen Metallaußentreppe, welche zu meiner Praxis führt. Bevor es klingelt, öffne ich die Türe und begrüße meine Kundin herzlich. Wie immer sieht sie ausgezeichnet aus. Sie legt sehr viel Wert auf Äußerlichkeiten, alles passt haargenau zueinander. Die enge Jeans, der weiße Kaschmirpullover, die goldene Halskette mit dem Perlenanhänger, alles in allem sehr anschaulich. Ich sage ihr, wie toll sie wieder aussieht und bitte sie in das Behandlungszimmer. Ich bin schwer beeindruckt, wie einfach es mir fällt, in dieser Situation zu arbeiten. Das hätte ich nie geglaubt. Ich dachte immer, dass ich das nicht könnte. Das eröffnet mir völlig neue Perspektiven. Ja, es gibt da diesen Anteil in mir, der immer noch denkt, dass ich Severin gerade im Stich lasse, es gibt jedoch auch den Anteil, der sagt, dass das definitiv so nicht stimmt. Es fühlt sich ungewohnt und dennoch richtig an.

Es ist halb zwölf und mein Handy klingelt. Ich sehe nach, wer anruft. Auf dem Display leuchtet Severins Nummer auf. Was hat das zu bedeuten? Ich nehme den Anruf entgegen. Severin meldet sich und fragt: »Mami, was machst du jetzt?« Ich sage ihm, dass ich koche und wie besprochen nach dem Essen losfahren werde. Irgendwie klingt er sehr erfreut und trotzdem kann ich den Grund des Anrufes nicht genau einordnen. Er spricht erneut und fragt: »Kannst du mich bitte schon jetzt abholen? Ich darf nach Hause.« Was hat er gesagt? Er darf nach Hause? Jetzt schon? Das kommt völlig unerwartet. Natürlich werde ich ihn abholen. Das sind richtig gute Nachrichten. Ich freue mich sehr, sage ihm, dass ich das Essen für die Anderen noch fertigstelle und gleich danach komme. Ist das wirklich möglich? Der Arzt hat uns doch gebeten, uns auf einen längeren Krankenhausaufenthalt vorzubereiten. Nachdem ich das Essen fertiggestellt habe, mache ich mich wie versprochen auf den Weg nach St. Gallen. Freude herrscht, auch wenn ich gerade noch keine Erklärung für diese Entwicklung habe. Könnte es sein, dass es wirklich schon wieder gereicht hat, dass wir die Verantwortung übernommen und die Energien neu aufgegleist haben? Im Krankenhaus angekommen, gehe ich direkt zum Stationszimmer und werfe einen Blick hinein. Eine Schwester ist gerade vor Ort und ich frage sie, ob es wirklich stimme, dass Severin mit nach Hause kommen dürfe. Sie bestätigt das und sagt mir, dass die Untersuchung des Gewebes ein sehr befriedigendes Resultat hervorgebracht habe und wir zuhause mit Tabletten nachbehandeln könnten. Der Hausarzt könne die

Fäden in zehn Tagen entfernen. Die Infektiologen hätten die Krankenhausentlassung mit diesen Anweisungen angeordnet. Meine Freude ist riesengroß. Ich bedanke mich und entferne mich in Richtung des Zimmers von Severin. Ich klopfe kurz an und öffne vorsichtig die Tür. Severin ist bereits fertig angezogen, hat alles gepackt und wartet nur noch darauf, bis ich endlich eintreffe. Er strahlt übers ganze Gesicht, ihm ist die Erleichterung deutlich anzusehen. Wir nehmen uns kurz in den Arm und begrüßen uns gegenseitig. Wir wünschen dem Zimmernachbarn auch eine schnelle Genesung und verabschieden uns. So nehmen wir erneut den vollgepackten blauen Koffer und verlassen das Krankenhaus. So wie es aussieht, wird auch dieses Mal alles zum Besten auszugehen.

Freie Fahrt ins Abenteuer

Endlich steht unserem geplanten Skiurlaub nichts mehr im Wege. Wir freuen uns total, nach diesen bewegenden Monaten endlich wieder einmal Ferien zu genießen. Die Skiausrüstung haben wir schon im Oktober ins Sportgeschäft zum Einstellen gebracht. Seither steht sie griffbereit im Keller und wartet geduldig auf ihren Einsatz. Bereits vor sechs Jahren habe ich eine Packliste für Skiferien gemacht, so wird nichts Wichtiges vergessen. Ich drucke mir diese Liste erneut aus und lese sie durch. Das zaubert ein Schmunzeln auf mein Gesicht. Da steht doch tatsächlich in einer Sparte noch die Spange bei allen drei Kindern. Sie sind wirklich aus den Kinderschuhen herausgewachsen. Was uns besonders freut, ist, dass sie immer noch voller Freude mit uns in den Urlaub fahren. Wir gehen seit sechs Jahren in das gleiche Hotel im Gerlos. Es liegt direkt an der Skipiste, ist ein Familienbetrieb und es fehlt uns da einfach an nichts. Dieses Jahr fährt mein Schwager mit seinen drei Söhnen mit uns mit. Das wird sicher für uns alle eine Bereicherung sein. Ich kaufe noch die letzten Dinge ein, die wir für die Reise benötigen, damit das Packen für uns alle ein kurzes Gastspiel sein wird. Am Freitag hat Severin den Termin beim Hausarzt, damit er die Wunde kontrollieren und die Fäden ziehen kann. Ich begleite ihn zu diesem Termin. Der Hausarzt begrüßt uns sehr herzlich. Er hat lange nichts mehr von uns gehört, da wir alles mit St. Gallen direkt besprochen haben. Er ist aber über den Verlauf der Krankheit bestens informiert, da er alle Informationen direkt vom Krankenhaus erhalten hat. Es ist ihm deutlich anzusehen, wie sehr er sich mit uns freut. Er bittet Severin auf die Liege und untersucht die Narbe. Er ist zufrieden, möchte die Fäden jedoch noch nicht ziehen. Er meint, dass wir jetzt besser etwas länger warten, damit sie dann auch wirklich sauber zusammenhält. Er wolle kein Risiko eingehen. Wir sollten doch am Montag nochmals vorbeikommen. Da erklären wir ihm, dass wir dann in Österreich sein werden. Er überlegt kurz und macht uns den Vorschlag, die Fäden bei einem Kollegen in Gerlos ziehen zu lassen. Damit können wir gut leben. Severin fragt nach, ob er denn schon wieder Skifahren dürfe. Unser Hausarzt erlaubt es ihm, sofern er achtsam fährt und immer den Helm trägt. Das steht für uns sowieso nicht zur Diskussion. Unserem Arzt ist deutlich anzusehen, wie erstaunt und zufrieden er ist. Er schaut uns an, schmunzelt und sagt: »Das habt ihr richtig gut hingekriegt. Diese Hürde habt ihr wirklich mit viel Geschick genommen.« Er fragt noch nach, wie es Jasmin gehe. Das schätze ich so sehr an ihm, er nimmt sich Zeit für seine Klienten. Ich sage ihm, dass er mit der Zusage für die Bildgebung einen sehr großen Teil zur Heilung beigetragen hat. Wir verabschieden uns von ihm und bedanken uns sehr für seine Unterstützung während dieser sehr schwierigen Zeit.

Es ist Sonntagmorgen, die Koffer sind gepackt, der Dachträger ist auf dem Wagen montiert. Wir laden das Auto ein und voller Vorfreude auf die kommende Woche steigen wir ein. Die Fahrt dauert fast vier Stunden, knapp nach der Hälfte gönnen wir uns eine Kaffeepause und schon geht die Reise weiter. Die Passfahrt ist heute abenteuerlich, es liegt viel Schnee auf der Straße. Unser Auto hat allerdings einen Allradantrieb, deshalb ist das für uns mehr oder weniger unproblematisch. Die Sonne scheint, als wir in Gerlos vorfahren. Es ist schon fast ein wenig, wie nach Hause zu kommen, so bekannt ist uns hier alles. Dieses Jahr haben wir für Jasmin ein Einzelzimmer gebucht. Wenn sie schon nicht mit uns auf die Piste kommen kann, soll sie wenigstens ein Zimmer haben, in dem sie sich frei bewegen kann. Sie hat Aufgaben von der Berufsschule mitgenommen, damit ihr die Zeit alleine im Hotel nicht zu langweilig wird. Die Begrüßung an der Rezeption ist wie gewohnt sehr einladend. Natürlich bekommen wir unser gewohntes Zimmer. Jasmins Zimmer ist auf dem gleichen Stockwerk. Die Narbe an Severins Kopf kann man nicht übersehen, und deshalb fällt das Gespräch relativ schnell in diese Richtung. Wir erzählen von den letzten Monaten, vom Hirntumor und vom Reitunfall. Bei dieser Gelegenheit frage ich nach der Telefonnummer des Dorfarztes und dessen Sprechstundenzeiten. Wir wollen gleich morgen früh einen Termin vereinbaren, damit er die Fäden ziehen kann. Wir beziehen unser Zimmer, ziehen uns um und gehen an die Bar. Wir haben uns dort mit meinem Schwager und dessen Söhnen verabredet, damit wir auf einen schönen gemeinsamen Urlaub anstoßen können. Ich liebe die Wasabinüsse, die hier zu den Getränken gereicht werden. Wir können es fast nicht glauben, wir sind tatsächlich hier. Der einzige Wermutstropfen ist, dass Jasmin die Zeit im Hotel verbringen muss und nicht wie gewohnt mit uns Skifahren kann. Doch auch hier erinnern wir uns, dass sie die Aussage gemacht hat, sie bleibe bei Severin im Hotel, damit er nicht alleine sein müsse. Jetzt bleibt sie alleine im Hotel. Die Macht der Gedanken darf einfach nicht unterschätzt werden. Doch erkenne ich hier auch mein Muster, das sich auf Jasmin übertragen hat. Ich habe das immer so vorgelebt, wie will sie das anders können? Das ist systemisch absolut erklärbar. Wenn es mir nicht gut ging, machte ich alles alleine mit mir aus, auch dieses Muster zeigt sich nun im System, denn Jasmin wird alleine im Hotel bleiben. Wir machen die Piste meist nur bis um dreizehn Uhr unsicher. Danach ist Familienzeit im Hallenbad angesagt. Ich genieße zwischendurch mal die Sauna, und im Anschluss ist Spielzeit. Heute Nacht schlafe ich tief und fest, es ist, als wenn ich die ganze Geschichte zuhause zurückgelassen hätte.

Wie jedes Jahr werden wir alles daransetzen, als Erstes am Skilift zu stehen. Es gibt nichts Schöneres, als die ersten Spuren auf den frisch gemachten Pisten zu ziehen. Deshalb stehen wir sehr früh auf, um das richtig köstliche Frühstück zu genießen. Es wird jeden Tag einem Land gewidmet, das heißt eines von vier Buffets bietet ausschließlich Spezialitäten aus diesem Land an. Heute gibt es bayerisches Frühstück. Das heißt, es gibt unter anderem Weißwürste, Brezeln und sogar Weißbier. Da frag ich mich schon, ob wirklich jemand zum Frühstück Bier trinkt. Auch wenn die Auswahl riesig ist, bin ich ein Gewohnheitstier. Ich habe meine Vorlieben und denen bleibe ich ebenso dieses Jahr treu. Frische Semmeln, Rauchschinken, Lachs, Käse, Butter sowie frisches Obst und Gemüse sind meine Favoriten. Ich liebe es, mich so für den bevorstehenden Pistentag zu stärken. Danach vereinbaren wir den Termin beim Dorfarzt. Severin kann heute um sechzehn Uhr vorbeigehen, das passt ausgezeichnet. Die Narbe sieht jetzt richtig schön aus, ich glaube, es ist wirklich eine gute Entscheidung gewesen, mit dem Entfernen der Fäden zu warten. Wir richten uns und los geht's auf die Piste. Die Sonne scheint, der Schnee ist sensationell und wie erwartet sind wir noch fast alleine auf dem Berg. Die erste Abfahrt gibt mir ein unbeschreibliches Gefühl von Freiheit. Es ist, als wenn bei jeder Kurve der Kopf freier würde. Es trägt alle schweren Gedanken in den Wind. Natürlich vermisse ich Jasmin, denn ohne sie fehlt einfach etwas, ich nehme mir jedoch vor, im Anschluss ganz bewusst eine gute Zeit mit ihr zu genießen. Wie versprochen gehen wir nach dem Mittag zurück ins Hotel. Heute beschließen wir, das Bad zu genießen. Um diese Zeit sind wir noch ziemlich alleine da, das erlaubt es auch, uns auszutoben. Da wir ja jetzt zu neunt sind, hebt sich der Geräuschpegel richtig an. Das stört uns jedoch gar nicht. Es ist wie das Feiern einer neuen, viel bewussteren Freiheit. Da ich alle Arztbesuche begleitet habe, bitte ich Martin dieses Mal, mit Severin mitzugehen. Jasmin und ich verbringen die Zeit in der Sauna und Severin und Martin gehen zum vereinbarten Arzttermin.

Wir treffen uns um achtzehn Uhr an der Bar zum Aperitif wieder. Martin und Severin kommen zurück und grinsen beide über das ganze Gesicht. Ich freue mich sehr, die Narbe sieht dieses Mal richtig gut aus. Sie berichten, dass der Arzt gefragt habe, was für ein Tumor entfernt worden sei. Severin und Martin hatten keine Ahnung, sie wussten nur, dass er gutartig war. Der Arzt konnte nicht fassen, dass sie da so entspannt waren. Severin fragt mich: »Mami, was für ein Tumor war das eigentlich?« Natürlich sind beide schon über alles informiert gewesen, sie haben es einfach wieder vergessen. Das ist auch gut so. Es ist nicht wichtig, was es für ein Tumor gewesen ist, viel wichtiger ist die Tatsache, dass Severin und wir ein Leben genießen können, in dem wir frei von Ängsten und Zwängen sind. Wir lenken unsere Energie auf Heilung, auf Gesundheit, wir haben uns entschieden, unsere Ängste anzuschauen, zu integrieren, mit ihnen zu leben, ohne ihnen Macht über uns und unser Leben zu geben. Wenn ich zurückblicke, staune ich über den unglaublichen Mut, den wir in dieser Zeit bewiesen haben. Ich bin tief dankbar, nicht einfach nur der Angst gefolgt zu sein. Denn dann hätten wir sofort operiert, nur, damit dieser schreckliche Tumor nicht mehr da gewesen wäre. Wir hätten den Weg der Heilung des Systems ausgelassen, wir hätten jetzt nicht nur einen behinderten Sohn, sondern auch ein krankes Familiensystem. Wir sind so was von beschenkt worden. Ganz ehrlich, ja, es hat Zeiten gegeben, in denen ich alles hinterfragt habe, und doch hat es in mir immer diesen Anteil gegeben, der stärker gewesen ist und mir den Weg gezeigt hat. Jede Seele hat richtig viel Lust auf Abenteuer und ein lebendiges Leben. Wenn wir uns zu sehr davon entfernen, flüstert sie erst leise, und wenn ich dann noch nicht höre, hat sie gar keine andere Wahl, als aufzuschreien. Sie macht das in Form von Krisen. Ich glaube, dass ich sagen kann, wir haben sehr gut gelauscht und wir sind so was von belohnt worden. Krisen verleihen Flügel … halleluja …

Die Autorin

1968 in Rossrüti (ein kleines Schweizerdorf) geboren, lebt Sonja Egger heute mit ihrem Mann in Mettlen und hat bereits drei erwachsene Kinder, ein Enkelkind und einen Hund. Nach ihrer schulischen Ausbildung war und ist sie in verschiedenen beruflichen Bereichen tätig. Heute praktiziert sie als Dolmetscherin der Seelensprache, Speakerin und Seminarleiterin. Ihre Freizeit verbringt sie gerne in der Natur, mit ihrer Familie, ihrem Hund und Freund*innen sowie beim Schwimmen. Die tiefgreifende Arbeit mit Menschen sowie ihre gewonnenen Erkenntnisse, basierend aus ihren persönlichen Krisen, weckten in Sonja Egger schließlich den Wunsch zum Schreiben. Mit ihrem Debütwerk »Krise verleiht Flügel« möchte sie nicht nur von ihren Erlebnissen berichten, sondern vor allem auch anderen Menschen Mut machen. In jeder Krise liegt ein Wunder. Wunder werden für uns alle möglich, sobald wir bereit sind, das für uns Unmögliche zu tun!

www.sonja-egger.com

Der Verlag

VINDOBONA
VERLAG SEIT 1946

ein Verlag mit Geschichte

Bereits seit 1946 steht der Vindobona Verlag im Dienst seiner Bücher und Autoren. Ursprünglich im Bereich periodisch erscheinender Journale tätig, präsentiert sich der Verlag heute als kompetenter Partner für Neuautoren am deutschen, österreichischen und schweizerischen Buchmarkt. Engagement, Verlässlichkeit und Sachverstand – das sind die Grundpfeiler, auf denen der Verlag seit jeher sicher steht.

Sie möchten mit Ihrem Werk das vielseitige Verlagsprogramm bereichern? Der Vindobona Verlag garantiert Ihnen eine professionelle Prüfung Ihres Manuskriptes durch das Lektorat sowie eine zeitnahe Rückmeldung.

Genauere Informationen zum Verlag
finden Sie im Internet unter:

www.vindobonaverlag.com